```
     D1673486
```

maritim

Das Buch

Frühjahr 1945: Das Ende des Krieges ist nur noch eine Frage der Zeit. Kurz vor Toresschluß erhält Korvettenkapitän Arne Thomsen das Kommando über U 2532, eines der modernsten Boote vom Typ XXI, und den Befehl vom Stab des BdU zu einem Himmelfahrtsunternehmen. Zusammen mit vier weiteren U-Booten soll er den strategisch wichtigen finnischen Hafen Hanko verminen, der den Russen als Flottenbasis dient, die schon längst die Ostsee mit ihren Luft- und Seestreitkräften kontrollieren. Geleitet von dem brennenden Wunsch der Männer, auch die letzten Kriegstage noch zu überleben, wird die Operation Wikingerblut gestartet. Doch wie sich fatalerweise herausstellen wird, hat die russische Seite davon Wind bekommen und eine raffinierte U-Boot-Falle aufgebaut ...

Der Autor

Erik Maasch, gebürtiger Berliner, absolvierte die Marineschule Flensburg-Mürwik, nahm als Seeoffizier und U-Boot-Fahrer am Zweiten Weltkrieg teil und war als *Kapitän auf großer Fahrt* auf deutschen Kauffahrteischiffen zugelassen. Es folgten 30 Jahre als Lehrer und Schulleiter, bevor er sich ganz der Schriftstellerei widmete und zu einem der erfolgreichsten Autoren maritimer Spannungsliteratur wurde.

In unserem Hause sind von Erik Maasch bereits erschienen:
Auf Sehrohrtiefe vor Rockall Island
Duell mit dem nassen Tod
Im Fadenkreuz von U 112
Letzte Chance: U 112
Tauchklar im Atlantik
Die U-Boot-Falle
U 112 auf Feindfahrt mit geheimer Order
U-Boote vor Tobruk
Das U-Boot-Tribunal
U 115: Jagd unter der Polarsonne
U 115: Die Nacht der Entscheidung
U 115: Operation Eisbär

Erik Maasch

U 2532:
Bis zum bitteren Ende

Roman

Ullstein

Besuchen Sie uns im Internet:
www.ullstein-taschenbuch.de

Originalausgabe im Ullstein Taschenbuch
1. Auflage August 2008
© Ullstein Buchverlage GmbH, Berlin 2008
Umschlaggestaltung:
HildenDesign, München / Buch und Werbung, Berlin
Titelabbildung: Viktor Gernhard
Satz: Pinkuin Satz und Datentechnik, Berlin
Gesetzt aus der Excelsior
Druck und Bindearbeiten: CPI – Ebner & Spiegel, Ulm
Printed in Germany
ISBN 978-3-548-26467-7

Kommandant in die Zentrale!«

Ich schwang die Beine aus der Koje und jumpte durch das Mannloch. »Was gibt's?«

»Der Horcher glaubt ein kleines Schiff ausgemacht zu haben.«

Mit dieser Antwort konnte ich wenig anfangen, und so sagte ich etwas unwirsch: »Von denen soll es in der Ostsee einige geben. Was hat er denn entdeckt Einen Zerstörer oder so?«

»Neee, einfach nur ein kleines Schiff, Herr Käpten!« Oberleutnant Bär zuckte mit den Schultern. »Er wird auch nicht schlau draus.«

»Na, dann hör ich mir die Sache besser mal selber an.« Ich schüttelte den Kopf. »Ein kleines Schiff, pah!« Immer noch verärgert schwang ich mich durchs Schott und beugte mich in den Türrahmen zum Funkschapp. »Was gibt's?«

Der Horcher reichte mir wortlos das zweite Paar Kopfhörer, und ich presste eine der Muscheln gegen das Ohr. Was auch immer es war, das unregelmäßige

Tackern klang jedenfalls nicht sonderlich beeindruk-kend. Unwillkürlich blickte ich auf die Uhr. »Vier Uhr morgens!«

»Sonnenaufgang nicht vor acht«, merkte der Horcher an.

»Nützt denen auch nichts, wenn die Russen über Radar verfügen, das sie von den Engländern bekommen haben.«

Das Ganze behagte mir überhaupt nicht. U 2532 war genauso nagelneu wie seine Besatzung. Ein großer Teil der Männer hatte nicht einmal die komplette Ausbildung absolviert, und die meisten Offiziere waren so grün wie Gras. Aber es war eben März 1945, und das Großdeutsche Reich pfiff auf dem letzten Loch. Adalbert Schnee hatte ich in Flensburg getroffen, bevor er auslief. Er war auch alles andere als glücklich, aber immerhin hatte er sein Boot schon im September übernommen und etwas Zeit gehabt, die Besatzung einzufahren. Für uns hatte mal wieder alles hopplahopp gehen müssen. Kaum daß ich aus dem Lazarett draußen war, hatte der BdU bestimmt, daß er ein paar von seinen alten Wölfen wieder draußen brauchte und ich dabei sein würde. Es wurde halt alles knapp, auch Kommandanten.

An all das dachte ich und an noch viel mehr. Dort draußen krebste etwas herum, das sich wie ein alter Fischtrawler anhörte, wobei die Annahme naheliegend war, daß es sich dabei um ein weiteres Schiff mit Flüchtlingen handelte, die einen verzweifelten Durchbruch versuchten. Unsere Anweisungen besagten, daß keine Flüchtlinge aufgenommen werden durften, um die Einsatzbereitschaft des Bootes aufrechtzuerhalten, da wir den russischen Nachschub über See stören sollten. So weit, so gut – nur erfolgte der im wesentlichen über Land. Eine Woche lang hatten wir vor der Küste gelauert, und nichts außer Flüchtlingsschiffen, die aus dem Kessel Königsberg kamen, war in unserem Horchgerät aufgetaucht.

»Die Iwans werden ihn kriegen, spätestens wenn es hell wird.« Nachdenklich gab ich dem Horcher die Kopfhörer und kehrte in die Zentrale zurück. »I WO, wir wechseln Kurs nach Steuerbord auf drei-fünf-null. Zwölf Knoten, wir bleiben auf Sehrohrtiefe, aber den Schnorchel ziehen wir schon mal ein.« Ich erspähte ein Gesicht im Schott. »LI, wie ist es um die Batterien bestellt?«

»Sind voll, Herr Käpten!« Oberleutnant Mahnke klang etwas undeutlich, was daran lag, daß er auf einem dick mit Kunsthonig bestrichenen Brotkanten herumkaute. Mein Gott, der Mann war wirklich ständig am Futtern! Ich konnte ein Grinsen nicht unterdrücken. »Dann ab dafür!«

Das Summen der E-Maschinen wurde eine Winzigkeit lauter, das Vibrieren eine Kleinigkeit allgegenwärtiger. Mehr war nicht zu spüren, als wir mit der Fahrt hochgingen, eine im Vergleich zu den VII-C-Booten schon beeindruckende Erfahrung. U 2532 war eines der wenigen Boote vom Typ XXI, das neben Adalbert Schnees U 2511 und Mansecks U 3008 bereits einsatzklar war. Weitere fünfzig bis sechzig befanden sich im Bau und in der Ausrüstung, aber man brauchte kein Hellseher sein, um zu erahnen, daß sie zu spät kommen würden. Der Krieg war zwar noch nicht beendet, und es wurde immer noch gekämpft und gestorben, aber dessen Ausgang war klar. Den neuen Bootstyp hätten wir zwei Jahre früher gebraucht. U 2532 konnte tagelang unter Wasser fahren und wäre von einer der deutschen Basen in Frankreich imstande gewesen, in den Atlantik vorzustoßen, ohne in der gefährlichen Biskaya auch nur einmal auftauchen zu müssen. Unter Wasser war es schnell genug, um eine Korvette an der Oberfläche abzuhängen, und es konnte tiefer tauchen, als die meisten U-Boot-Ortungsgeräte der Alliierten reichten. Doch U-Boot-Stützpunkte in Frankreich existierten nicht mehr, seit diese im vorigen Jahr bereits verlorengegangen waren, und es gab auch keine gut ausgebildeten Besatzungen mehr, um diese Boote zu bemannen. Dafür war aber absehbar, daß dieser ganze Krieg ohnehin bald vorbei sein würde. Die Russen stießen ja bereits in Richtung Berlin vor, die Amerikaner hatten den Rhein bei Remagen überquert. Es war vorbei, aber wir kämpften noch immer.

* * *

»Boot ist durchgependelt!«

»Danke, LI!« Ich fuhr das Sehrohr aus und drückte mein Gesicht gegen dessen Gummiwulst. Die Männer warteten im roten Dämmerlicht der Zentrale gespannt auf das Resultat meiner Beobachtungen. Allerdings sah ich zuerst einmal gar nichts, da die Nacht immer noch wie ein schwarzes Tuch über der Ostsee lag. Doch dann entdeckte ich plötzlich einen kleinen hellen Fleck, der von einer winzigen Bugwelle herrührte. »Ich hab ihn«, verkündete ich, »aber er macht nicht sehr viel Fahrt.« Ohne den Kopf zu wenden, fragte ich nach. »Was erzählen die Fische?«

Es dauerte einen Augenblick, bis Bär die Meldung des Horchers weitergab. »Der kriecht auf dem Zahnfleisch daher, seine Maschine dürfte es nicht mehr lange machen.«

»So was hab ich mir fast schon gedacht.« Ich unterdrückte einen Seufzer, denn damit stand ziemlich eindeutig fest, daß wir es mit einem Flüchtlingsschiff zu tun hatten, da ein russischer Zerstörer wohl kaum so schlecht in Schuß gewesen wäre. Große Möglichkeiten hatte ich nunmehr keine. »Klarmachen zum Auftauchen. I WO, schnappen Sie sich den Bootsmann, ich will die Leute so schnell wie möglich im Boot haben.«

Plötzlich wütend, klappte ich die Handgriffe hoch und ließ das Sehrohr in den Schacht zurückfahren. Hinter mir hörte ich bereits Mahnke, der seine Befehle gab. »Vorne unten zehn, hinten unten fünf, Trimmzellen eins bis sechs anblasen!« Preßluft zischte durch die Rohre und drückte das Wasser aus den Trimmzellen. Normalerweise vermieden wir es tunlichst, vollständig aufzutauchen, denn den Schnorchel oder das Sehrohr aus dem Wasser zu strecken,

9

reichte ansonsten aus. Aber in diesem speziellen Fall hatte der LI sicher recht mit seinen Anweisungen, denn irgendwie mußten wir die Leute von dem Fischtrawler auf unser Deck bringen.

»Los, I WO!« Ich wirbelte bereits herum und stürmte die Leiter hoch. Von unten kam der Ruf »Turmluk ist frei!«, und ich ließ das Handrad herumwirbeln. Ein Schwall aus kaltem Wasser und Frischluft kam mir entgegen. Mit einem Sprung war ich auf dem Turm und sah mich kurz um. Weitere Männer folgten und nahmen ihre Positionen ein. Der etwas unscheinbar wirkende und zierlich gebaute Leutnant Mertens legte die Hand an die Mütze und meldete: »Steuerbordwache aufgezogen, Herr Käpten!«

»Danke! Vartalampe auf die Brücke!«

»Schon hier!« Mertens strahlte mich förmlich an. »Ich hab mir schon gedacht, daß wir die Klappbuchs brauchen würden.«

»Eins drauf mit Mappe«, sagte ich anerkennend. Mertens mochte zwar noch unerfahren sein, aber er dachte wenigstens mit, was man von Bär nun wahrlich nicht behaupten konnte. »Dann mal los. Signalisieren Sie dem Pott, wer wir sind.«

»Jawohl, Herr Käpten!« Der II WO kletterte auf den Sockel der UZO und begann, die Botschaft an das Flüchtlingsschiff zu morsen. Der Lichtschein der Signallampe würde von einem Flugzeug aus meilenweit zu erkennen sein. Ich atmete einmal tief durch, denn im Falle eines Falles würden wir wegen des geöffneten Luks nicht schnell genug wegtauchen können, selbst wenn wir einen Flieger in Anbetracht der Dunkelheit spät, aber immerhin überhaupt entdecken sollten. Ich beugte mich über das Sprachrohr. »Frage Naxos?«

»Naxos ist sauber, Herr Käpten!«

Ich überlegte einen Augenblick. Seit der Einführung von Funkmeßbeobachtungsgeräten war die Schiffsführung heikler und gefährlicher geworden. Ich entschied mich trotzdem, auf Risiko zu setzen. »Gehen Sie auf Hohentwiel!«

Hinter mir sog Mertens scharf die Luft ein. »Hohentwiel?«

»Ich weiß, ich weiß!« sagte ich beschwichtigend, obwohl mir dabei nicht ganz wohl in meiner Haut war. »Beeilen Sie sich besser.«

Im hinteren Teil des Turmes fuhr der Mast aus, und die Antenne begann sich zu drehen. Dadurch konnten wir auf ungefähr zehn Meilen alles erfassen, was unterwegs war, ob auf dem Wasser oder in der Luft. Umgekehrt aber vermochte uns auch jedes verdammte Flugzeug oder Schiff mit einem Radarempfänger auf zwanzig Meilen entdecken.

»Er antwortet!« Mertens las laut mit. »Trawler *Helge*, mit Flüchtlingen auf dem Weg nach Kiel.« Der II WO lachte leise. »Er ist froh, uns zu sehen. Seine Maschine ist am Ende!«

»Erzählen Sie mir was Neues!« Ich beobachtete, wie wir uns näher an den Trawler schoben. Lag das an meinen Augen, die sich an die Dunkelheit gewöhnten, oder wurde es tatsächlich schon heller? »Vergessen Sie das, sagen Sie ihm, wir kommen längsseits, er soll sich bereithalten, sein Boot aufzugeben.« Ich hob das Glas und versuchte irgendwelche Einzelheiten zu erkennen.

Der II WO neben mir schnüffelte vernehmlich und fragte: »Täusch ich mich, Herr Käpten, oder riecht da etwas merkwürdig?«

Der Geruch, den der Wind zu uns herübertrug, war ziemlich intensiv, denn sonst wäre er unseren vom alltäglichen Gestank in der stählernen Röhre abgestumpften U-Boot-Fahrer-Nasen überhaupt nicht aufgefallen. Eine Mischung aus den säuerlichen Ausdünstungen zusammengepferchter ungewaschener Körper und dem metallischen Geruch von frischem Blut. Die Seelenverkäufer, auf denen früher Sklaven transportiert wurden, hatten wahrscheinlich auch so einen Duft verströmt. Nur das Kordit war neu. Ich blickte den II WO nachdenklich an, Leutnant bereits, aber gerade mal eben achtzehn Jahre jung, fast noch ein Kind, wenn man so wollte, das in diesem Krieg eigentlich nichts verloren hatte. »Sie haben recht«, stimmte ich ihm zu. »Der strenge Geruch von Blut und Kordit deutet darauf hin, daß die *Helge* beschossen worden ist.« Ich spürte den Kloß in meinem Hals. »Fragen Sie ihn, wie viele Personen an Bord sind.«

Wortlos setzte Mertens die Klappbuchs erneut in Betrieb.

Von dem Trawler kam eine prägnant kurze Antwort zurück, und ich starrte mit offenem Mund auf dessen dunkle Silhouette. Auch Mertens mochte deren Inhalt nicht trauen, denn seine Vartalampe klapperte bereits wieder los. Doch an der Rückmeldung der *Helge* änderte sich absolut nichts.

»Ich habe einhundertundfünfzig gelesen, Herr Käpten! Wenn dem so ist, wird's eng.«

»Wahrschauen Sie den LI, der Trimm wird lausig sein.« Ich schaute auf das Vorschiff hinab. Groß Zeit für das Ausbringen von Fendern hatten wir keine. »Backbord zehn, kleine Fahrt!« Der Bug schwang etwas aus dem Kielwasser des Trawlers, wobei wir aber noch immer wesentlich schneller als er waren. »Stützruder!« Im Geiste zählte ich die Sekunden mit. »Backbord fünf!« Der kleine Schwenk, der folgte, reichte, damit sich der Sechzehnhunderttonnen-Rumpf vom U 2532 an die Backbordseite des Trawlers schob und der Wasserstreifen zwischen uns immer schmaler wurde. Schon flogen die ersten Leinen hinüber. »Vier Knoten!«

Das Übernahmemanöver von mehr als hundert Menschen konnte beginnen. Das Geschrei von Babys war das einzige, was wir hörten, während das Gros der Flüchtlinge nur schweigend zu uns herüberstarrte.

Bei dem Gedanken, wie lange das Ganze dauern würde, sträubten sich mir die Haare unter der Mütze. »Los, I WO, bringen Sie die Leute ins Boot!« Ich wandte mich zum Sprachrohr um. »Zentrale? Der LI soll den Trimm im Auge behalten.«

Von unten ertönte blechern die Stimme von Ober-

13

leutnant Mahnke. »Irgend jemand sagte etwas von hundertfünfzig Badegästen*. Bei angenommenen fünfundsiebzig Kilo pro Mann und Nase, sollte das hinkommen, läßt uns aber nicht viel Spielraum. Meine Stokers suchen bereits freie Ecken.«

Der LI untertrieb. Mit zusätzlichen hundertfünfzig Erwachsenen würde das Boot schon nicht mehr tauchfähig sein. »Korrigieren Sie die Gewichtsannahme. Die meisten sind Kinder.«

»Aha …« Er zögerte einen Augenblick. »Was wiegen die so?«

Ich dachte an Ankes und meine Kinder und zuckte mit den Schultern. »Hängt ganz von deren Alter ab …«

Auf dem Vordeck sprangen die ersten mutigen Zivilisten von der *Helge* über den Wasserstreifen und wurden von den zupackenden Armen meiner Männer in Empfang genommen, nur um gleich anschließend sofort in die Röhre gestopft zu werden.

* * *

Das alles zog sich länger hin als geplant. Als im Osten das erste Morgenlicht erschien, tuckerten wir immer noch mit kleiner Fahrt über die Ostsee. An den verbissenen Mienen der schuftenden Besatzung konnte ich ablesen, daß sich die Leute über die damit ver-

---

* Jargon für Leute, die nicht zur regulären Bootsbesatzung gehören.

bundenen Gefahren für uns alle nichts vormachten. Doch ihrem Bemühen, die Flüchtlinge zu bergen, tat dies keinen Abbruch. Es gab nur gemurmelte Flüche, wenn wieder eine Mutter mit zwei kleinen Kindern nicht wußte, wie sie rüberkommen sollte. Und die erschrockenen Aufschreie der Frauen, wenn die Matrosen des Trawlers, mehr als drei oder vier waren das insgesamt sicher nicht, sich kurzerhand den Nachwuchs schnappten und zu uns rüberwarfen.

»Hohentwiel hat einen Flieger in eins-zwo-zwo Grad!«

Als die Meldung aus dem Sprachrohr kam, griff ich automatisch zu meinem Glas und suchte den Himmel in der angegebenen Richtung ab, doch in Anbetracht der herrschenden Bewölkung war kein entsprechender Punkt auszumachen. »Entfernung?«

»Zwölf Meilen etwa.« Oberleutnant Bär wechselte unten rasch noch ein paar Worte und meldete sich dann wieder. »Er kreist, ab und zu stößt er mal vor, aber dann geht er wieder auf Abstand.«

Zwölf Meilen bedeutete, daß der Pilot der Maschine uns in rund einer Minute erreichen konnte, sollte er dies wollen. Nur warum unterließ er dies?

»Haben wir Naxos?«

Wieder dauerte es einen Augenblick, bevor der I WO die Antwort eingeholt hatte. »Naxos zeigt nichts an.«

Leutnant Mertens, der das Gespräch verfolgt hatte, grinste. »Der wartet auf Verstärkung. Er kann ja nicht ahnen, daß wir ihm nichts anhaben können.«

»Wie soll ich das verstehen?« fragte ich etwas verwundert.

»Sehen tut er uns nicht, und er hat uns wahrscheinlich auch nicht in seinem Radar. Dafür aber dürfte er mit Sicherheit unsere Radarstrahlen empfangen. Bislang hatten unsere U-Boote im Gegensatz zu den großen Pötten normalerweise kein Radar, was die Tommys natürlich auch wissen. Daher ist verständlich, daß der Flieger, auf sich allein gestellt, keine Lust hat, sich mit einem Dickschiff anzulegen.«

»Ein Tommy, so weit im Osten?« Ich ließ mir die Überlegung durch den Kopf gehen. Das Panzerschiff *Scheer* und die schweren Kreuzer *Hipper* und *Prinz Eugen*, die im Prinzip über das gleiche Radarsystem verfügten, das wir nun auf unseren wenigen neuen XXI-Booten besaßen, waren in der Ostsee, und das war den Engländern mit Sicherheit auch nicht verborgen geblieben. Und was noch wichtiger war, die britischen Flieger kannten die Radarausstrahlung dieser Schiffe, da sie oft genug Angriffe auf diese wenigen uns noch verbliebenen großen Einheiten geflogen hatten. An Leutnant Mertens Überlegung mochte daher etwas dran sein. Ich zwang mich zur Ruhe. »Wir sollten fertig sein, bevor die Verstärkung eintrifft. Spätestens wenn wir tauchen, weiß er, woran er mit uns ist.«

* * *

Von unten aus dem Turm drang unentwegtes Kindergeschrei, das mir gerade noch gefehlt hatte. Russische Zerstörer, die uns mit einem Horchgerät aufspüren konnten, waren zwar in dem Gebiet nicht unterwegs, aber U-Boote konnte es immerhin geben. Seit es die Basen in Finnland gab, konnten sie nach Westen vorstoßen, wie es ihnen beliebte. Erst im Januar hatte ein russisches U-Boot die beiden großen Flüchtlingsschiffe *Wilhelm Gustloff* und *General Steuben* versenkt. Tausende waren im kalten Wasser der Ostsee umgekommen. Bei der Erinnerung schüttelte es mich unwillkürlich.

Nachdem endlich auch die letzten den Sprung von dem Trawler auf U 2532 geschafft hatten, trieb die *Helge* zwar immer noch auf Parallelkurs, aber wenigstens hatte jemand von deren Besatzung noch so viel Geistesgegenwart besessen, das Ruder festzulaschen. Ich beugte mich über das Sprachrohr. »Halbe Fahrt voraus!« Es galt erst einmal von dem verlassenen Fischer wegzukommen. »Herr Mertens, lassen Sie einsteigen und fragen Sie mal bei Bär und Mahnke nach, wie es mit dem Trimm aussieht. Ich will mich hier nicht gerade in den Grund bohren.«

Der II WO verstand sofort, was damit gemeint war, denn sollten wir uns in dem relativ flachen Wasser festrennen und eine Schlammwolke aufwirbeln, brauchten die verdammten Bienen ja nur ihre Bomben in diesen verräterischen Schmutzfleck zu werfen. Eine bessere Zielscheibe konnte es gar nicht geben! »Jawohl, Herr Käpten!« Er tippte kurz an die Mütze und klopfte dem nächstbesten Mann neben ihm auf die Schulter. »Einsteigen, Kameraden!«

Die Posten der Brückenwache verschwanden wie Kaninchen im Loch. An unserer Steuerbordseite fiel die aufgegebene *Helge* immer weiter zurück, unser Achterschiff kam frei. Für ein paar Augenblicke stand ich allein auf dem hohen Turm. Auch wenn dieser Krieg verloren war und uns alle nur noch der Wunsch beseelte, nicht zum Schluß auch noch draufzugehen, so hatte ich das Schicksal dieser Flüchtlinge nicht einfach »pflichtschuldigst« ignorieren können. Per Sprachrohr erteilte ich den Befehl zum Tauchen, schwang mich durch das Luk und klappte den Deckel zu. Schon senkte sich der Bug leicht nach unten, und Luft zischte aus den Schnellauslässen. Meine Füße knallten auf das Stahldeck. Mal eben dreißig Meter Wassertiefe waren alles, was die Ostsee uns hier zu bieten hatte. »I WO, wir laufen mit AK ab. Nehmen Sie Kurs Nordwest, näher zur Küste hin.«

Bär starrte mich ungläubig an. »Aber ...«

»Geschenkt«, sagte ich und schnitt ihm damit das Wort ab. »Genau wegen des Flachwassers wird niemand annehmen, daß wir dahin steuern. Also los!«

»Jawohl, Herr Käpten.« Bär wandte sich um. »Backbord zehn!« Er beobachtete den Kompaß. »Neuer Kurs wird zwo-eins-fünf!«

Ich schob mich näher an den LI heran. »Na, Mahnke, wie verhält sich das Boot?«

»Wie 'ne schwangere Seekuh! Aber wir kriegen das hin, solange uns vorerst hektische Manöver erspart bleiben.« Er ließ den Papenberg nicht aus den Augen. »Ruder vorn oben fünf, hinten null!« ordnete der Oberleutnant an, bevor er weitersprach. »Meine Stoker sind damit beschäftigt, die Leute besser zu verteilen.«

Hinter uns, nicht sonderlich weit entfernt, rummste es im Wasser. U 2532 schüttelte sich und legte sich für einen kurzen Augenblick etwas auf die Seite. Der Pilot des einsamen Fliegers, der die Bombe ausklinkte, hatte anscheinend inzwischen gemerkt, daß er sich von einem U-Boot hatte narren lassen.

»Damit kann er uns nichts anhaben!« Ich versuchte beruhigend zu wirken, aber mein Kommentar ging in einer Welle der Schreckensschreie unter. Für die Flüchtlinge mußte ja auch der Eindruck entstehen, als wolle die Biene uns jetzt endgültig zu den Fischen schicken. Einige meiner Männer flitzten durch die Zentrale nach achtern, um unsere »Passagiere« zu beruhigen. Ich spürte, wie das Achterschiff sich etwas senkte. Unser Trimm war wirklich höllisch empfindlich, doch Oberleutnant Mahnke reagierte bereits entsprechend. »Hinten unten zwo!« Der höhere Druck auf die achteren Tiefenruder ließ das Heck wieder etwas aufkommen. Er sah mich an. »Wir werden das ständig ausbalancieren müssen, wird ein hübscher Eiertanz werden, Herr Käpten!«

»Nett, lernt man das jetzt bei der ULD?«

Der LI zuckte mit den Schultern. »Zumindest kursierte eine nette Geschichte über ein Boot, das sich ein Tiefenruder beschädigt hatte. Dessen Kommandant kam auf die an sich naheliegende Idee, daß man das Manko mit dem anderen Tiefenruder ausgleichen könne. Hat ja auch geklappt, nur den seinerzeitigen LI hat es fürchterlich gewurmt, daß er nicht selbst auf den Trichter gekommen ist. Vor lauter Wut über sich selbst, hat er mit dem Fuß gegen die Wand getreten und sich dabei den großen Onkel gebrochen.«

Ich mußte lachen. »Falls die Schote stimmt, dürfte sie allerdings schon ein Weilchen zurückliegen.«

»Stimmt«, bekannte Mahnke, »sie gefällt mir aber trotzdem.«

Ich stülpte mir die Mütze etwas fester auf den Kopf. »Die rumschwirrende Biene kann uns nichts mehr. Ich gehe mal durchs Boot, um mir selber ein Bild von der Lage zu machen.« Bär, den I WO, forderte ich auf zu übernehmen.

Mit der Routine vieler Jahre schwang ich mich durchs Schott und begann meinen Rundgang. Wo ich auch hinkam, traf ich auf Flüchtlinge. Sei es in der Feldwebel-Messe oder im Bugraum – überall hockten Dreier- oder Vierergruppen herum und starrten teilnahmslos bis verängstigt auf die ihnen ebenso fremde, wie unheimliche U-Boot-Welt. Dazwischen turnten unbeeindruckt von alldem Kinder rum, zumindest diejenigen, die schon laufen konnten, während die kleineren von ihren Müttern im Arm gehalten wurden.

Obwohl ich während der nächsten Stunden gezielt Gespräche mit dem einen oder anderen führte und Fragen stellte, wurde mir die Geschichte nicht ganz klar. Die Leute stammten aus zum Teil weit im Osten gelegenen Dörfern – daß Evakuierungsmaßnahmen von dort auf höchster politischer Befehlsebene untersagt worden waren, war allgemein bekannt. Neu für mich zu vernehmen war jedoch, daß es etliche Dörfer gab, die von den Russen – aus welchen Gründen auch immer – einfach nicht besetzt worden waren, winzige deutsche Enklaven, abgeschnitten von der Heimat und genauso von jedweder Versorgung, schutzlos der hindurchziehenden Soldateska ausgesetzt.

In meinem Kabuff hatte der Funkmeister, der als Sanitäter bei uns nebenbei den nicht vorhandenen Arzt ersetzen mußte, eine der Frauen auf meiner Koje untergebracht und rannte herum wie ein aufgescheuchtes Huhn. Ich erwischte ihn auf dem schmalen Gang und hielt ihn am Arm fest. »Nun mal langsam, Eckert, was ist denn los!«

»Die Frau ist hochschwanger!«

»Soll das heißen, sie bekommt ein Kind? Ich meine, jetzt?«

»Jawohl, Herr Käpten, genau das!«

Mir wurde ziemlich mulmig zumute. »Unter den Flüchtlingen befindet sich nicht zufällig ein Arzt?«

»Keine Ahnung, Herr Käpten!«

»Dann sollten wir mal rumfragen, Eckert! Haben Sie den Kapitän der *Helge* irgendwo gesehen?«

»In der Feldwebelmesse. Der Mann macht einen ziemlich kaputten Eindruck, kein Wunder, nachdem er drei Tage am Ruder gestanden hat.«

»Trotzdem dürfte es nicht schaden, wenn ich mich

mal mit ihm unterhalte«, sagte ich. »Haben Sie denn vielleicht auch noch eine Idee, Eckert, wie wir die schreienden Kinder, die meilenweit zu hören sind, zur Ruhe kriegen?«

Der Funkmeister sah mich todernst an. »Der Smut hatte einen guten Vorschlag, Herr Käpten!«

»Dann mal raus damit!«

»Warme Milch mit Honig und einem Schuß aus der Schnapsbuddel!«

»Das geht nicht, das sind Kinder!« entfuhr es mir. »Die können Sie doch nicht einfach besoffen machen?«

»Und ob!« erklärte Eckert entschieden. »Zumal ich von dem Schiffsführer des Trawlers bereits weiß, was die Flüchtlinge alles hinter sich haben.« Er merkte, daß ich offensichtlich nicht begriff, worauf er hinauswollte, und beugte sich vor. »Haben Sie sich die älteren Mädels und die Frauen mal angesehen?«

Es dauerte immer noch, bis ich kapierte. Die sind erst abgehauen, nachdem die Russen schon durch waren! Und hatte nicht Stalin vor Einheiten der vierten Panzerarmee erklärt: »Erobert Berlin und ich gebe euch alles, auch die deutschen Frauen! So also sah das Verhalten der Sieger aus. Trotzdem führte kein Weg an der Tatsache vorbei, daß auch speziell die SS in Rußland ganz besonders fürchterlich gewütet hatte. Mir wurde ganz übel bei dem Gedanken, wie es sein würde, wenn all dieser dadurch entstandene Hass auf uns zurückschlug. Meine Stimme klang heiser, als ich antwortete: »Ich verstehe! Dann probieren wir es eben mit dieser Mischung. Hoffentlich krakeelen die Kinder danach nicht noch mehr.«

»Die werden stehend k.o. sein, Herr Käpten!«

»Also tun Sie Ihr Schlimmstes, Eckert! Wer sitzt eigentlich im Moment am Horchgerät?«

»Maat Olm. Jedenfalls ist er, soweit ich weiß, im Augenblick Maat.«

Wider Willen mußte ich grinsen. Olm war ein guter und ausgesprochen fähiger Mann, der sich immer wieder eine Beförderung verdient und sie auch bekommen hatte – nur um danach wieder in schöner Regelmäßigkeit wegen Prügeleien an Land degradiert zu werden. Aus seiner Personalakte ging hervor, daß er bereits jeden Rang zwischen Matrose und Oberfunkmeister innegehabt hatte. Ich selbst kannte ihn schon von U 6 her, dem letzten Einbaum*. Er hatte den Untergang der *Gustloff* in jeder Einzelheit im Horchgerät des kleinen Bootes mitbekommen. Olm mochte an Land verrückt spielen, aber hier an Bord konnte ich mir keinen besseren Mann am Horchgerät wünschen. »Gut, dann soll er die Ohren spitzen. Wenn sich hier ein Iwan rumtreibt, müssen wir das so früh wie möglich mitkriegen.«

Der Funkmeister tippte ans Schiffchen. »Ich richte es ihm aus.«

* * *

---

* Siehe Erik Maasch: Das U-Boot-Tribunal

Wir fanden keinen Iwan, und kein Iwan fand uns, drei Tage lang nicht. Auch von den gelegentlich rumfliegenden russischen Aufklärern wurden wir nicht ausgemacht, aber das Risiko, daß ein aufmerksamer Pilot die Walform des Bootes im Wasser entdeckte, weil wir nicht tief tauchen konnten, hatte natürlich bestanden. Vermutlich mangelte es den russischen Fliegern an Erfahrung beim Aufspüren von U-Booten. Bei den Tommys wären wir nicht so leicht davongekommen. Trotzdem waren wir alle müde und erschöpft. Es gab kaum einen Flecken im Boot, an dem man mal eine Mütze voll Schlaf hätte nehmen können. Die Kinder hatten wieder begonnen zu schreien, da wir sie ja nicht ständig mit Alkohol zudröhnen konnten. Und was die anderen Flüchtlinge betraf ... schweigen wir darüber. Sie mußten Fürchterliches erduldet haben.

Kurz vor Mittag tauchten wir auf und liefen in die Kieler Förde ein, wobei die volle Wache aufgezogen war. Ich quetschte mich zwischen den dick vermummten Gestalten hindurch und ließ den Blick schweifen. Auf der Brücke herrschte Schweigen, das nur von gelegentlichen Befehlen unterbrochen wurde.

Wir passierten das Marineehrenmal in Laboe und machten Front nach Backbord.

Vom Signalturm Düvelsbek blinkte uns bereits der erste Anruf entgegen. Maat Olm las laut mit. »U 2532: Nicht Konrad anlaufen! Verholen Sie zur Verladepier im Arsenal!«

Wer auch immer sich das ausgedacht haben mochte, nachdem wir per Funkspruch unser Einlaufen angekündigt hatten: Der Sachverhalt behagte mir nicht. Konrad war der große U-Boot-Bunker, dessen meterdicker Beton uns wenigstens Schutz bei Fliegerangriffen geboten hätte. Und wiederkommen würden die Bomber fraglos.

»Steuerbord zehn!«

Der II WO war auf Zack. Ich beugte mich über die Brüstung und sah die tanzende Wracktonne. Der Teufel mochte wissen, was da unter der Wasseroberfläche lag. Rammen wollte ich es trotzdem nicht.

»Wird ein schöner Slalom werden!«

»Das kennen wir mittlerweile ja schon zur Genüge, Herr Käpten.« Der Leutnant sagte dies mit einer Gelassenheit, als habe es nie eine innere Förde ohne jede Menge zur Gänze oder nur zur Hälfte versunkener Wracks gegeben. Zu Friedenszeiten war das noch so gewesen.

»Na, dann steuern Sie mal schön um den ganzen Schiet herum, Herr Mertens.«

Alles schien eine Ewigkeit zu dauern. Flieger sahen wir keine am Himmel, weder feindliche noch eigene. Ersteres war Glück, zweiteres war in der Zwischenzeit zur Normalität geworden.

Mit kleiner Fahrt steuerten wir um die letzte Biegung und näherten uns dem Arsenal. Wie graue Berge wirkten die Formen der *Admiral Scheer* und der *Admiral Hipper* unter ihren Tarnnetzen an der Pier. Eine Signallampe blitzte auf und wies uns den

Weg zu unserem Liegeplatz, der achtern der *Scheer* vorgesehen war. »Backbord zehn, halbe Fahrt!« Als ich wieder das Kommando übernahm, schien Mertens darüber nicht unglücklich zu sein, denn unser neuer Bootstyp verhielt sich über Wasser etwas zickig, weil er im Gegensatz zu unseren alten VII-C-Booten dafür eigentlich nicht mehr wirklich ausgelegt war.

Der Bug schwang aus wie eine Türangel. »Kleine Fahrt!« Ich peilte über den Bug. »Stützruder!«

An der Backbordseite ragte ein Mast aus dem Wasser, war aber weit genug von uns entfernt. Ich beugte mich über das Sprachrohr. »Bootsmann, klar zum Wahrnehmen der Leinen.« Meine Augen waren überall. Schon peilte der achtere Turm der *Scheer* querab. »Steuerbord fünfzehn!«

In einem weiten Bogen drehten wir zurück in Richtung Pier. »Steuerbord fünf. Backbordmaschine stop!« Wir glitten beinahe von selbst in die Lücke zwischen einem Päckchen Minensucher und dem Panzerschiff. »Beide rückwärts kleine Fahrt!« Einige Sekunden verstrichen, dann quoll am Heck weißer Schaum auf, als die Schrauben rückwärtsdrehten und wir rapide langsamer wurden. Ich beobachtete den schmaler werdenden Wasserstreifen, während wir am Bug eines Minenbocks vorbeischoren. Schon flogen die ersten Leinen herüber, und Trossen schlängelten sich wie Seeschlangen über die Lücke. »Beide stop!«

U 2532 glitt im Schneckentempo in die Lücke, gehorsam dem Zug der Leinen folgend. Ich stülpte mir die Mütze bequemer auf den Kopf. »Nächstes Mal sind Sie dran, Leutnant.«

»Sie meinen, wir werden erneut rausgeschickt?«

Noch ist nichts vorbei!« erklärte ich mit Blick auf die Sankas, die auf der Pier standen. »Kümmern Sie sich darum, daß unsere Passagiere sicher an Land kommen.« Während eine Stelling an uns herangeschoben wurde, entdeckte ich auch den Stützpunktadmiral, der uns offensichtlich persönlich begrüßen wollte, eigentlich eine nette Geste, aber wiederum auch nicht verwunderlich, da wir bisher zu keiner Flottille gehörten. Neben ihm erkannte ich die vertraute Gestalt von Kapitän zur See Roloff. Auch wenn ich ihn immer geschätzt hatte und wir über die Jahre Freunde geworden waren, lag die Annahme nahe, daß da, wo er war, auch der BdU nicht weit entfernt sein konnte. Und in dieser Zeit deutete das nicht gerade darauf hin, daß man uns viel Ruhe gönnen würde.

Aber ich sollte nicht dazu kommen, groß darüber nachzudenken, da an Land die Sirenen aufheulten und Fliegeralarm gaben. Schon begann weiter draußen das Wummern der Flaks, und schwarze Sprengwolken standen am Himmel. Das veranstaltete Zonenschießen signalisierte, die Angreifer, wahrscheinlich Tommys, kamen von See her angeflogen. Mir sträubten sich die Haare unter der Mütze, denn wir lagen hier wie auf dem Präsentierteller, und wenn der Angriff den beiden Dicken galt, dann konnte es uns auch leicht mit erwischen. »Alaaaaarm! Alle raus aus dem Boot! Dalli, dalli!« Auf der Pier rannten bereits die ersten Leute los, die offenbar wußten, in welcher Richtung ein Bunker lag.

Unser Versorgungsluk schlug auf, und die ersten Gestalten drängten ins Freie und folgten einfach den anderen Flüchtenden. Ich blickte über die Schulter und sah bereits die ersten Mosquitos heranbrausen: Tragfläche an Tragfläche flogen sie dicht über die Wasseroberfläche, und ihre Maschinenkanonen spien Feuer und Stahl. Zum Glück für uns wurden nicht wir, sondern das Achterdeck der *Scheer* ins Visier genommen. Funken sprühten, als die Geschosse von der dicken Panzerung abprallten, und ich fragte mich, ob die Tommys vorhatten, ihre Bomben aufs Deck zu legen statt zu werfen.

Verwundert registrierte ich auch, daß die *Scheer* das Feuer nicht erwiderte, lediglich weiter vorn auf der *Hipper* regte sich ein leichtes Flakgeschütz.

»Los, los!« Unvermindert hetzte der Bootsmann weiter die Leute über die Stelling. Kaum war die erste Angriffsformation über uns hinweggedonnert, nahte auch schon die nächste, und ich ging hinter der Turmbrüstung in Deckung. Von der Wache waren schon fast alle unten und halfen, wo es ging. Ein Seemann hatte sich zwei Kinder unter die Arme geklemmt und rannte in wilden Zickzacksprüngen in Richtung Bunker.

Die Flak der *Hipper* erfaßte eines der Wooden

Wonders*. Wie ein Netz zogen sich die Linien der Geschosse über Tragflächen und Kanzel, Teile der Maschine flogen davon. Für Sekundenbruchteile sah es so aus, als gelänge es dem Vogel, aus dieser tödlichen Bedrohung noch auszubrechen. Aber dann geriet er ins Trudeln und schlug in Rückenlage auf dem Wasser auf, wobei die an Bord befindlichen Bomben krepierten und eine riesige Wasserfontäne in die Höhe schleuderten. Unter meinen Füßen machte das Boot einen Hüpfer, und mir schlug es die Kiefer aufeinander.

Auf der Landseite donnerte es nun ebenfalls mächtig, und eine riesige Säule aus Feuer und Rauch stieg in die Höhe. Weitere Explosionen erschütterten die Überreste eines Lagerhauses, in dem offenbar Munition gelagert worden war.

Hinter uns begann die Flak der Minensucher zu rattern. Eine weitere Maschine wurde getroffen, zog hoch und drehte ab, eine dichte Rauchschleppe hinter sich herziehend. Weit würde sie nicht mehr kommen.

Für einen kurzen Augenblick kehrte Ruhe ein. Ich jumpte aus der Turmwanne und kletterte die Klampen hinunter aufs Deck. Die Evakuierung des Bootes war ins Stocken geraten, weil die Flüchtlinge nicht mehr aus unserer Stahlröhre herausgewollt hatten, während die Tommys um sich ballerten. Sie wähn-

---

* (= Hölzernes Wunder), Spitzname für die im wesentlichen aus Holz gebauten Flugzeuge

ten sich an Bord sicherer, während ich mir die Folgen eines Bombentreffers überhaupt nicht vorstellen mochte. »Raus jetzt, verdammt noch mal!« brüllte ich, doch es nutzte nichts. Die Angst war zu groß.

Auf der Pier richtete sich Roloff, der hinter einem Sanka in Deckung gegangen war, nun langsam auf. Nicht weit von ihm entfernt lag der Stützpunktadmiral wie eine weggeworfene Puppe verdreht am Boden. Der britische Angriff war anscheinend genauso plötzlich vorüber, wie er begonnen hatte. »Störangriff«, so würde es die Propaganda nennen, und gestört hatten die Tommys weiß Gott genug. In dichte Flammen gehüllt legte sich einer der Minenböcke auf die Seite und kenterte an der Pier. Männer trieben im Wasser, und auch auf der Pier selbst lagen neben dem Admiral weitere leblose Gestalten. Störangriff.

* * *

Oberleutnant Bär erschien mit einem Notizzettel, um mir die Schäden zu melden. »Alles in allem nichts Weltbewegendes, Herr Käpten. In der Turmverkleidung gibt es ein paar Einschußlöcher, und in den ausgefahrenen Radarmast ist ein Splitter eingeschlagen. Die Reparaturen laufen bereits.«

Ich wappnete mich für die nächste Frage. »Hat es Verluste gegeben?«

»Kubischka hat's erwischt!«

Ich mußte schwer schlucken, denn das war der

Seemann, der sich zwei Kinder unter die Arme geklemmt hatte und gerannt war, als ob der Teufel hinter ihm her sei. Der Teufel war schneller gewesen. »Und sonst?«

»Steinmann hat einen Splitter im Allerwertesten stecken und wurde von den Sanis gleich mitgenommen. Es hätte schlimmer kommen können!«

Schlimmer? Es war schlimm genug, daß wir einen Toten sowie einen Verwundeten zu verzeichnen hatten; der Minenbock, der hinter uns gekentert war, hatte zwei Dutzend Tote zu beklagen, und die *Scheer* vor uns hatte auch einige Leute verloren. Aber wahrscheinlich hatte der I WO nicht mal unrecht, und vielleicht sollte ich damit aufhören, mir Sinnfragen zu stellen. Ich zögerte kurz. »Also gut, machen Sie sich ans Werk, und sehen Sie zu, daß wir jederzeit seeklar sind.«

»Jawohl, Herr Käpten!« Bär tippte an die Mütze und verschwand, der Vorhang zu meinem Kabuff schwang zu.

Ich wandte mich um und sah Kapitän Roloff an, der auf meiner Koje hockte. Seine Hände, die die Kaffeemug umklammerten, zitterten noch immer. Zwei Stunden war der Angriff her, und seither hatten meine Männer Überlebende des Minensuchers aus dem Wasser gefischt, versucht, die Flüchtlinge bei irgendeiner Hilfsorganisation unterzubringen und bei der Brandbekämpfung geholfen. Erst vor ein paar Minuten waren wir auf das Boot zurückgekehrt. Ich spürte einfach nur noch eine traurige Leere in mir.

»Ich frage mich«, sagte Roloff, »was die Tommys eigentlich bezwecken wollten. Der Einsatz der Mosquitos spricht nicht gerade dafür, daß sie vorhatten, die Dickschiffe unter Wasser zu treten.«

Der Kapitän winkte ab. »Vergessen Sie es. Die Tommys haben auch so ihr Ziel erreicht und sie quasi ausgeschaltet. In dem Lagerhaus, das sie in die Luft gejagt haben, befanden sich die letzten uns noch verbliebenen Reste an großkalibriger Munition.«

Er zuckte resigniert die Schultern. »Und das war's dann wohl.«

Dazu groß was zu sagen erübrigte sich, und daher holte ich aus dem Schapp über meinem winzigen Schreibtisch die letzte Buddel im ganzen Boot hervor. Ungefragt goss ich ihm einen gehörigen Schluck in seine Kaffeemug. »Als Medizin ganz hervorragend«, erklärte ich augenzwinkernd.

»Dann genehmigen Sie sich ruhig auch was von dem Wundertrank, Thomsen«, forderte er mich auf. »Sie werden ihn brauchen können.« Er schnüffelte laut und vernehmlich: »Was ist denn das für ein Zeug?«

»Aquavit, vom letzten Norwegentrip.« Ich schenkte mir davon nur ganz wenig in den inzwischen leeren Kaffeebecher ein. »Also dann!«

»Prost, Thomsen!«

Als wir den Schnaps runtergekippt hatten, sah ich Roloff fragend an. »Also, nun mal Butter bei die Fische, was führt Sie hierher?«

»Die Heeresgruppe West unter Feldmarschall Model hat vor drei Tagen im Ruhrkessel kapituliert. Die Amerikaner stehen kurz vor Magdeburg und Leipzig, während die Briten nach Norddeutschland vorrücken.«

»Und im Osten?«

»Die Russen stoßen Richtung Berlin vor, die letzten Teile des Heeres kämpfen verzweifelt. Wie es den Anschein hat, beabsichtigen die Westalliierten jedoch nicht, über die Elbe hinaus vorzustoßen.« Roloff streckte mir die geleerte Mug entgegen. »Wenn ich nochmals bitten darf?«

Den Gefallen tat ich ihm gern. »Und wann werfen wir das Handtuch?«

»So einfach ist das nicht.« Der Kapitän legte sein Gesicht regelrecht in Kummerfalten. »Der Führer beharrt auf Durchhalten und hat einen Befehl herausgegeben, dem Feind nur verbrannte Erde zu überlassen. Wer als Soldat von der Fahne geht, wird erschossen. Wo auch immer, bei Deserteuren ist die SS nicht zögerlich. Keiner traut sich jetzt noch zu riskieren, von den eigenen Leuten abgeknallt zu werden.«

»Mit anderen Worten: Wir kämpfen also weiter, bis auch der letzte von uns ins Gras gebissen hat!« Ich konnte es nicht fassen.

Roloff war anzumerken, daß er sich alles andere als wohl in seiner Haut fühlte. »Wie gesagt, die Russen marschieren auf Berlin«, druckste er herum, »der Führer ist ebenfalls noch in der Hauptstadt, vielleicht …«

»Oder vielleicht auch nicht. Und was passiert bis dahin?«

»Wir tun, was wir können. Eigentlich wollten wir Sie zurück im Stab haben, aber die Gestapo ist immer noch scharf auf Sie, Thomsen. Dönitz will Sie deshalb aus dem Hafen raushaben, bevor die Brüder überhaupt mitkriegen, daß Sie wieder hier sind.«

Daher also wehte der Wind. »Was soll es werden?«

»Sie werden begeistert sein.« Roloffs Stimme klang aber nicht so, als ob er das auch wirklich meinte. »Mich hat man geschickt, um Ihnen klarzumachen, wie wichtig diese Sache ist.«

»Ich verstehe im Augenblick nur Bahnhof und Koffer klauen!«

Der Kapitän holte ein Kuvert hervor, das er mir reichte. »Ihre Befehle.«

Mißtrauisch griff ich danach und riß es auf. Schon nach den ersten Worten, die ich las, schienen die sauber getippten Buchstaben vor meinen Augen zu verschwimmen. »Das kann nicht Ihr Ernst sein!«

»Doch! Ursprünglich wollte der Löwe Adalbert Schnee damit betrauen, aber der hat noch Probleme mit seinem Boot.«

»Ich glaube jedenfalls, daß Adi im umgekehrten Fall meine nicht vorhandene Begeisterung geteilt hätte«, erklärte ich im Brustton der Überzeugung. Als Kommandant von U 201 hatte der Kamerad sich einen glänzenden Ruf erworben, bevor er, so um Ende 1942 herum, Geleitzugs-Asto im BdU-Stab wurde. Gleich mir hatte er erst jetzt eines der neuen

XXI-Boote übernommen. Der Schneemann war ein gewiefter Taktiker und Planer, nur ein irrer Draufgänger war er noch nie gewesen. »Käpten, hören Sie bitte auf, Konkurrenzdenken schüren zu wollen«, entrüstete ich mich daher. »Wenn Schnee den Job gewollt hätte oder der ihm auch nur vorgeschlagen worden wäre, dann hätten Sie ihn gleich mitgebracht, um dieses Boot zu übernehmen.«

Roloff zwang sich zu einem Lächeln, das ihm aber mißglückte. »Touché, Herr Thomsen, Sie haben recht!« Er deutete auf die Befehle, die ich immer noch in der Hand hielt. »Sie haben nur noch nicht bis zum Ende weitergelesen. Die fünfzehnte Flottille läuft von Norwegen aus in die Ostsee, das Stützpunktpersonal verlegt nach Kiel. Die Boote haben Befehl, Sie zu treffen. Alles weitere dazu finden Sie in den Unterlagen: Zeiten, Treffpunkte, Namen. Der Löwe erwartet, daß Sie so erfolgreich operieren, daß der Feind so viel Zeit wie möglich braucht, um sich davon zu erholen.«

»Und dann?«

»Dann ist hoffentlich alles rum, und wir sind arbeitslos.«

»Bleibt zu wünschen, daß wir bis dahin noch am Leben sind!« merkte ich sarkastisch an. Die Fünfzehnte, meine ehemalige Flottille, verfügte nur über die alten Boote vom Typ VII C. Für die würde die Geschichte auf ein Himmelfahrtskommando hinauslaufen. Und auch U 2532 war als Neuentwicklung nicht davor gefeit, vom Gegner geschnappt und vernichtet

zu werden. Ich gab es auf, den Gedanken weiterzu-
verfolgen, Befehl war Befehl, so war das nun einmal.
Aber eine Anmerkung dazu konnte ich mir dennoch
nicht verkneifen: »Das alles klingt nach einem unnötigen weiteren Opfer von Menschenleben für eine
verlorene Sache.«

Roloff nickte mehr als nur ein bißchen ratlos. »Als
neununddreißig der Krieg losging, haben wir alle
noch geglaubt, wir würden gewinnen. Doch hätte die
Opferfrage bei dem viel beschworenen Endsieg dann
überhaupt eine Rolle gespielt?«

Ich hatte das sichere Gefühl, wir beide würden
nicht nur noch einen weiteren Schnaps brauchen.

* * *

Es dauerte ziemlich lange, bis ich mich durch sämtliche Befehle zur Operation *Wikingerblut* gekämpft
hatte. Trotz des hochtrabenden Namens verbarg sich
dahinter eher ein ziemlich verzweifeltes Unternehmen, obwohl der Versuch, soviel mußte ich Roloff und
dem Löwen immerhin zugestehen, einen gewissen
Sinn machte, sogar jetzt noch. Nur klappen mußte
die Sache erst einmal, und genau da hatte ich meine Zweifel. Formal gehörte mein Boot nun zur fünfzehnten Flottille. Korvettenkapitän Schrader kannte
ich ziemlich gut aus der Zeit, als er zwei Jahre mein
Stellvertreter als Flottillenchef gewesen war.

Egal, wir würden uns sowieso wahrscheinlich nicht
treffen, denn seine Boote waren bereits draußen, und

wir sollten auch in zwei Tagen seeklar und ausgerüstet sein. Dann durch die ganze Ostsee, dem Jagdgebiet russischer U-Boote, hoch bis nach Finnland, mitten ins Herz ihrer baltischen Flotte, und dann mal eben den wichtigen Stützpunkt, den die Russen den Finnen im Separatfrieden abgeluchst hatten, verminen – Hanko, den südlichsten Hafen Finnlands. Von da aus operierten nicht nur die U-Boote, die unsere Flüchtlingsschiffe bedrohten, sondern auch ein Teil des Nachschubs, der die russische Dampfwalze am Laufen hielt, kam dorther. Angesichts unserer militärisch aussichtslosen Lage spielte der Löwe das Spiel im Rahmen der ihm verbliebenen wenigen Möglichkeiten: Alles tun, um wenigstens die Russen etwas aufzuhalten, denn im Westen hatte die Marine den Alliierten so gut wie nichts mehr entgegenzusetzen und beschränkte sich auf das, was eben noch ging. Falls Dönitz sich deshalb entschließen sollte, den U-Boot-Krieg gegen England abzubrechen, würde er sich wahrscheinlich noch am gleichen Tag vor einem Standgericht wiederfinden – und mit ihm vermutlich die Hälfte seines Stabes. Die SS und der Volksgerichtshof liefen ohnehin schon lange Amok.

Ich lehnte mich zurück und lauschte den Geräuschen um mich herum. Achtern wurde noch gearbeitet, aber größtenteils lagen die Männer auf den Kojen und holten den verlorenen Schlaf der letzten Tage nach oder ruksten auf Vorrat, wie man das bei der Marine nannte. Sich in die Begebenheiten fügen und hoffen zu überleben – vielleicht mußte man als

Seemann so sein. Doch unter der Besatzung gab es durchaus auch welche, die diesen Fatalismus nicht teilten, vornehmlich große Jungs, geformt über Jahre hinweg in der HJ, dem Arbeitsdienst und danach von der Marine. Erst letztens hatte einer unserer Jüngsten rausposaunt, wie froh er sei, nunmehr bei uns zu sein. Er habe schon befürchtet, immer noch in der Ausbildung zu stecken, wenn bald alles vorbei sei würde. Gemeint hatte er den Endsieg, nicht etwa den verlorenen Krieg. Eigentlich nicht zu fassen!

Stimmen ließen mich aus meinen Gedanken aufschrecken. Gleich mehrere Leute kamen die Turmleiter herunter. Im Nu war ich auf den Beinen und eilte in die Zentrale, wo ich wie angewurzelt stehenblieb und die Augen aufriß. »Possehl, Lindner, Kruse …«

»… und von der Mühlen!« Der Kaleu grinste wie ein Honigkuchenpferd. »Schön, Sie wiederzusehen!«

Ein freudiges Händeschütteln und gegenseitiges Schulterklopfen setzte ein, und irgendwie waren wir alle gerührt. Nicht umsonst waren wir bei der Fünfzehnten, meiner alten Flottille, zusammengewesen. »Menschenskinder, wo kommen Sie denn alle auf einmal her?«

»Von Drontheim, Herr Käpten!«

»Das nenne ich aber eine hübsche Überraschung, wo ich Ihre Boote doch bereits draußen wähnte!«

»Der Flottillenchef fand, daß es vielleicht besser sei, sich hier zu treffen.«

»Und wo ist Korvettenkapitän Schrader?«

»Der ist im wahrsten Sinne des Wortes noch auf Achse, man hat ihn und seinen Stab in einen Zug gesetzt, und wie es heutzutage um Bahnreisen in Anbetracht der Luftangriffe bestellt ist, wissen Sie ja«, sagte Klaus Kruse. »Wir sind selber erst vor einer Stunde eingetroffen, schön im Verband, wie es sich gehört.«

Das wunderte mich, denn laut den mir bekannten Befehlen waren die Boote angewiesen worden, einzeln und jedes für sich vorzugehen. »Ihr seid alle zusammen gelaufen?«

»Größtenteils, Herr Käpten!« bestätigte Kaleu Lindner. »Und wie Sie sehen, wir haben es geschafft, wobei uns allerdings ein Boot verlorengegangen ist, U 823 mit Kapitänleutnant Mohrmann.«

Der Name sagte mir nichts, Mohrmann mußte neu bei der Flottille gewesen sein. »Was ist passiert?«

»Wir sind allesamt vor einer Biene weggetaucht und wie abgesprochen zwei Stunden im Keller geblieben. Als wir wieder hochkamen, fehlte von Mohrmann jede Spur, keine Ölflecken, nichts.«

Das konnte alles und nichts bedeuten, theoretisch zumindest. »Schöner Schiet!« murmelte ich aber dennoch.

»Wem sagen Sie das, Herr Käpten.« Possehl sah sich um. »Gibt's hier eigentlich was zu trinken, oder ist's schon *so* schlecht um uns bestellt?«

Bedauernd hob ich die Arme. »Weit schlimmer noch, meine Herren, das Boot ist völlig trocken, denn andere waren schon vor Ihnen an der letzten Flasche.«

Die anderen Kommandanten lachten.

»Dann also ab ins Offizierskasino!« rief Possehl. Ich hatte das Gefühl, daß sich ein fürchterliches Besäufnis anbahnen würde – eine Einschätzung, mit der ich nicht ganz falsch lag.

* * *

»Guten Morgen, Herr Käpten!«

Ich grinste breit und legte ebenfalls die Hand an die Mütze. »Wünsche wohl geruht zu haben, Herr Käpten! Und Ihnen auch, Herr Käpten!«

Roloff schmunzelte, und Schrader erwiderte das Grinsen etwas gequält, was daran liegen mochte, daß der Flottillenchef erst spät in der Nacht in Kiel eingetroffen war. Viel Schlaf hatte er vermutlich nicht abbekommen.

Ich reichte ihm die Hand. »Wie geht es, Herr Schrader?«

»Na wie schon?« knurrte der Korvettenkapitän grimmig. »Alles geht derzeit ziemlich chaotisch zu, und der Reichsrundfunk spricht immer noch unaufhörlich vom Endsieg.« Schrader wirkte sichtlich angefressen. »Am Bahnhof habe ich Käpten Bleichrod getroffen, und dreimal dürfen Sie raten, warum er dort war. Um sicherzustellen, daß die für ihn bestimmten Leute nicht anderweitig abgegriffen wurden. Deswegen kam es zu einem Disput mit ein paar SS-Männern.«

»Das hätte ich dem Ajax gar nicht zugetraut!« bekannte ich.

»Die wollten tatsächlich ein paar von seinen Leuten, die angekommen waren, einsacken, weil irgendwas mit den Marschbefehlen nicht in Ordnung war. Vermutlich wollten sie die Matrosen einfach nur in die Infanterie stecken.«

»Der Heldenklau hält also weiter an.«

Kapitän Roloff, der sich bisher zurückgehalten hatte, nickte langsam. »Hier wie aller Orten. NSDAP und SS sind entschlossen, alles, was Beine hat, in den Endkampf zu werfen. Wer sich weigert ...« Er sprach den Satz nicht zu Ende, sondern deutete statt dessen nur mit gegen die Schläfe ausgestrecktem Zeigefinger einen Kopfschuß an.

Der Flottillenchef verzog angewidert das Gesicht. »Auch wenn ich kein Stabshauptquartier mehr habe, keine funktionierende Organisation, so sind mir doch wenigstens die Leute geblieben.«

»Das ist ja schon mal was.« Ich sah Roloff an. »Also, nachdem die Boote nun einmal hier sind, was tun wir?«

Der Kapitän zur See schupperte sich bedächtig das Kinn. »Ich habe bereits in aller Frühe mit dem Löwen gesprochen, *Wikingerblut* findet auf alle Fälle statt. Ich weiß, daß Sie das als Himmelfahrtskommando kurz vor Toresschluß ansehen, Herr Thomsen, was aber nichts daran ändert, daß die Russen mittlerweile verstärkt auch gegen Flüchtlingstransporte über die Ostsee operieren – warum auch immer.

41

Nicht nur eingedenk unseres Fahneneides ist es unsere verdammte Pflicht und Schuldigkeit, daß wir wenigstens versuchen, so vielen Menschen wie möglich eine Flucht nach Westen zu ermöglichen.«

»Ihnen ist aber schon bewußt, daß wahrscheinlich keines unserer Boote zurückkehren wird?«

Schrader blickte betreten zu Boden, aber Roloff hielt meinem Blick stand. »Wir haben nun mal keine Wahl, Herr Thomsen, und Sie selbst haben ja oft genug bewiesen, daß es auch aus scheinbar aussichtslosen Situationen Auswege gibt.«

Bevor ich dazu etwas sagen konnte, forderte Schrader Roloff auf: »Berichten Sie ihm von *Regenbogen*!«

»Und was bitte verbirgt sich dahinter?«

Der Kapitän ließ sich etwas Zeit mit der Antwort. »In den nächsten Tagen wird der Befehl zur Operation *Regenbogen* ergehen. Gemäß Führerbefehl darf sich kein deutscher Soldat ergeben. Für die Marine bedeutet das, daß alle Fahrzeuge, die nicht zum Minenräumen oder dem Fischfang geeignet sind, sich selbst zu versenken haben, um nicht in Feindeshand zu fallen.«

Das war also das Ende. Jeder hatte gewußt, daß es kommen würde, aber irgendwie nicht wirklich darüber nachgedacht. Als sich nach dem letzten Krieg die deutsche Flotte in Scapa Flow selbst versenkte, hatten die Männer wenigstens sicher sein können, von den Tommys aufgefischt zu werden. Aber dieses Mal ... Es war eine immer noch aktiv kämpfende

Flotte, an die der Befehl zur Selbstzerstörung gehen würde, und nicht wenige unserer U-Boote standen weit von jeder Küste entfernt irgendwo draußen im Atlantik, wo kaum jemand den Besatzungen würde zur Hilfe kommen können.

Ich räusperte mich, um den Kloß im Hals loszuwerden. »Im Klartext bedeutet das für uns, daß wir mit unseren Booten ziemlich tief in russisch kontrollierten Gewässern stehen, wenn der Befehl *Regenbogen* kommt.«

»Und alles weitere ist dann einzig und allein Ihre Entscheidung, Herr Thomsen«, erklärte Roloff.

»Ich möchte zunächst selber mit den Kommandanten sprechen, auch wenn der Operationsbefehl besagt, daß in See das Kommando bei mir liegt.«

»Dagegen ist nichts einzuwenden.«

* * *

»Na, was machen denn die Beißerchen?« fragte ich Klaus Kruse, der auf U 112 bei einer Minenexplosion, die zu nahe am Bootskörper erfolgte, so unglücklich gegen die Bootswand geschleudert worden war, daß er sich dabei unter anderem einen Kieferbruch zugezogen sowie etliche Zähne eingebüßt hatte und danach Wochen hatte im Lazarett verbringen müssen.*

---

* Siehe Erik Maasch: Letzte Chance: U 112

»Was die Chirurgen und Zahnklempner mit mir veranstaltet haben, war ziemlich höllisch, aber hinbekommen haben sie mich wieder prima. Leider jedoch etwas zu früh.«

Seine Hoffnung, das Kriegsende eventuell im Lazarett zu erleben, war damit zunichte geworden. »So was nennt man Künstlerpech«, flachste ich.

»Dagegen kann man nichts machen. Doch was nun? Den Operationsbefehl kennen wir, und es fragt sich, ob du das Ding durchziehen willst, Arne!« Wie immer, wenn wir allein waren, wechselte er zum vertrauten Du.

»Haben wir eine Wahl?«

Mein Freund blickte sorgenvoll über die Wasserfläche der Förde. Viel Zeit zum Nachdenken hatten wir nicht mehr bis zu dem Treffen mit den anderen Kommandanten. »Wenn wir erst einmal in See sind, stellt sich vielleicht manches anders dar.«

»Aber das würde bedeuten, sich den Russen zu ergeben, und ich bin nicht scharf darauf, bei den Iwans in Gefangenschaft zu gehen.«

»Wer ist das schon! Doch selbst wenn wir einfach nur einen anderen Kurs nehmen, läuft das auf Verrat hinaus.«

Damit hatte er natürlich recht. Ungeachtet des Kriegsverlaufes konnten wir uns jetzt, da alles den Bach runterging, nicht einfach absetzen. Wir waren schließlich immer noch deutsche Offiziere. Einen Krieg konnte man verlieren, der soldatischen Ehre aber verlustig zu gehen war für uns undenkbar. Das war es ja gerade, was die Marine etwa von der SS unterschied.

Von den anderen Offizieren wurden wir bereits erwartet: Oberleutnant Werda, Klaus Kruses I WO auf U 112, Lindner mit seinem neuen I WO, den er als Oberleutnant Neumann vorstellte, sowie von der Mühlen und Possehl mit ihren WOs, und ganz am Rande der Gruppe Oberleutnant Bär, der so tat, als wisse er nicht, was er hier sollte. »Schön, meine Herren, daß Sie alle hier sind. Pfeifen und Lunten an, für alle, die möchten.« Ich ließ den Rauchern ein paar Augenblicke Zeit, bevor ich fortfuhr. »Wir haben eine … äh … neue Operation vor uns.« Beinahe hätte ich »letzte Operation« gesagt. »Der Name lautet *Wikingerblut*. Ich gehe davon aus, daß …« Weiter kam ich nicht, denn die Alarmsirenen heulten los. »Ab in den Bunker!« konnte ich nur noch brüllen.

Während wir nach draußen rannten, um den nächsten Bunker zu erreichen, wummerte die schwere Flak am Eingang der Förde bereits los. Höchste Eile war geboten. Von den Booten kamen gleichfalls die Männer angerannt, um die Schutzunterkunft aufzusuchen. Innerlich fluchte ich vor mich hin, da wir die Boote in den Bunker Konrad bei der Werft oder noch besser in den Kilian gegenüber der Stadt hätten verlegen sollen. Hier lagen sie wie auf dem Präsentierteller rum.

Als wir den Bunker erreichten, befanden sich die ersten Tiefflieger bereits im Anflug, und wir machten, daß wir durch den Splitterschutz runter- und reinkamen. Kurz nach uns knallte der Bunkerwart die schwere Stahltür hinter uns zu, die Warterei begann.

Bomben knallten dumpf um uns herum; eine Explosion in nächster Nähe ließ den ganzen Bau erzittern, und Staub rieselte von der Decke. Die meisten Gesichter derer, die mit uns im Bunker waren, wirkten teilnahmslos. Für die Werftarbeiter gehörte das alles zu ihrem Alltag. Rein in den Bunker, wenn die Bomber anrückten, raus aus dem Bunker und weiterarbeiten, wenn der Spuk vorbei war. Und dazwischen hieß es hoffen, daß der Bunker von keinem Volltreffer erwischt wurde, einbrach und man unter den Trümmern starb oder verschüttet werden würde. Eine schrecklich nervenaufreibende Situation, die uns U-Boot-Fahrern von Wabo-Angriffen her aber nicht unbekannt war. Und doch empfand ich sie in dieser Umgebung ganz anders. Vielleicht, weil ich zur absoluten Untätigkeit verdammt war. Für mich schien es eine Ewigkeit zu dauern, bis die Sirenen wieder zum Leben erwachten und Entwarnung gaben. Neben mir warf ein Mann einen Blick auf seine Armbanduhr. »Kurzangriff«, murmelte er, stand auf und streckte sich.

Die Bunkertür schlug auf, und wir strömten ins Freie. Irgendwelche Schäden, die der Bombenangriff angerichtet hatte, waren auf Anhieb nicht zu erkennen. Meine Beine schlugen automatisch die Richtung zur Pier ein, wo unsere Boote lagen. Wie viele mochten wohl noch da sein? Schreckensbilder aus Brest tauchten in der Erinnerung auf, vom Ende von U 115 und dessen jungem hoffnungsvollem Kommandanten an der Ausrüstungspier. Ich fegte um eine Ecke, und mein Schritt stockte. »Wie denn, was denn?« entfuhr es mir erstaunt.

Klaus Kruse, der neben mir zum Stehen kam, war genauso verdutzt. »Menschenskind, Arne, das gibt es doch gar nicht!«

Er meinte damit nicht nur, daß alle unsere Boote offensichtlich nicht nur da und heil waren, weswegen mir eine Zentnerlast von der Seele gefallen war, sondern auch U 823, das gerade zielgerichtet das Päckchen unserer restlichen U-Boote ansteuerte. Der beim Marsch von Bergen hierher verlorengegangen geglaubte Kapitänleutnant Mohrmann mußte, auch wenn ich ihn noch nicht kannte, wohl so etwas wie ein Überlebenskünstler sein. Mitten in einem Luftangriff einzulaufen, dazu gehörte schon etwas. Immerhin würde meine kleine Flottille dadurch auf sechs Boote anwachsen, obwohl ich Mohrmann insgeheim bedauerte. Wäre er auch nur einen Tag später in Kiel eingetroffen, dann hätte er das Kriegsende wahrscheinlich hier in Ruhe abwarten können. Doch ohne mir etwas anmerken zu lassen, klopfte ich Klaus auffordernd auf die Schulter und sagte: »Dann laß uns das Findelkind mal begrüßen.«

»Na klar doch! Und sein Zossen sieht auch nicht so aus, als hätte er groß was auf die Mütze gekriegt. Es hindert ihn vermutlich nichts daran, uns zu begleiten! Mohrmann wird vermutlich seine helle Freude daran haben.« Der Sarkasmus meines Freundes war nicht zu überhören.

* * *

Geschuftet wurde rundum bis nach Einbruch der Dunkelheit. Als Zeit zum Auslaufen hatte ich 03:00 Uhr angesetzt, damit gebunkert werden konnte, was erforderlich war, und wir trotzdem noch vor Sonnenaufgang würden unter Wasser verschwinden können. Schrader hatte Wort gehalten und es nicht an jedweder denkbaren Unterstützung fehlen lassen. Sämtliche Boote waren versorgt worden, als stünde eine volle Atlantikunternehmung an. Es war weit mehr, als wir jemals bis Hanko und zurück brauchen würden. Doch darüber verlor niemand von uns ein Wort – warum auch.

»Wie sieht es aus?« fragte ich Kapitänleutnant von Bückwitz.

Der Ingenieursoffizier reckte den Daumen empor, und der Steuerborddiesel von Mohrmanns U 823 erwachte hustend zum Leben. »Läuft doch wie geschmiert!« bekundete er. Von Bückwitz mußte brüllen, um sich mir überhaupt verständlich zu machen. Mit den Händen deutete er gegenüber dem Bordingenieur Umdrehungen an, seine Lippen bewegten sich zwar noch weiter, aber ich bekam kein Wort mehr mit. Die ganze Gilde der Stokers bestand im Gegensatz zu mir sowieso aus Lippenlesern, und deren Gesichter verrieten, daß die Ingenieure zufrieden waren. Ich winkte in die Runde und verschwand durchs Schott nach vorn.

In der Zentrale fand ich den II WO, der Listen kontrollierte, und ein paar Seeleute, die eifrig Dauerwürste über die Ventilrohre in die schmalen Hohlräume quetschten, wie das eben auf einem U-Boot so üblich war. »Hat jemand den Kommandanten gesehen?«

»Ist kurz nach oben!« informierte mich der Leutnant.

»Danke!«

Ich machte mich an den Aufstieg zum Turm, wo ich Korvettenkapitän Schrader, Kapitänleutnant Mohrmann sowie dessen I WO antraf, der auch Mohrmann hieß. Die beiden waren Cousins, und es war daher kein Wunder, daß U 823 einen tanzenden Mohr im Bootswappen führte. Ich blickte kurz zum Himmel. Eine der ersten klaren Nächte seit langem, genau das, was wir nicht brauchen konnten. »Ich dachte, Sie sind schon wieder zurück auf Ihrem Boot, Herr Käpten«, sagte der Kommandant.

»War ich auch, Herr Mohrmann, aber ich hatte noch ein paar Fragen an den Herrn von Bückwitz, der mir dann auch gleich vorgeführt hat, wie schön Ihr Diesel jetzt läuft.«

»Na, dann ist ja wenigstens in der Hinsicht alles in Butter, Herr Käpten!«

»Wie soll ich das verstehen?«

»Es gibt schlechte Nachrichten!« erklärte Schrader. »Eben wurde ein riesiger Bomberstrom gemeldet, der über den Kanal herannaht, und es wurde Luftvoralarm gegeben.«

»Gibt es schon Anhaltspunkte hinsichtlich der Ziele?«

»Hamburg, Kiel, Wilhelmshaven, Flensburg, aber das sind alles nur Vermutungen.« Schrader winkte ab. »Genau werden wir es erst wissen, wenn die ersten Tannenbäume fallen.«

Die Bomberformation würde ungefähr zwei Stunden brauchen, bis sie hier war, falls sie nicht ganz woandershin wollte, möglicherweise nach Berlin. Wie auch immer, die Tommys waren gewitzt genug, ihre Bomber in weiten Zickzackschlägen ans Ziel zu führen und damit den Resten unserer Luftabwehr Rätsel aufzugeben. Mein Blick glitt zu den großen Silhouetten an der Pier vor uns; die Gefechtsstände der schlafenden Riesen zeichneten sich gestochen scharf gegen den klaren Sternenhimmel ab. Für die Briten sicher zwei interessante Zielobjekte. »Die Boote sind klar?«

»Lediglich Proviant wird noch verladen, Herr Käpten! Sie wollen raus?«

Ich nickte entschlossen. »Also erst mal rein mit dem Zeug in die Boote, umstauen können wir später immer noch. Neue Auslaufzeit wird null Uhr. Geben Sie das bitte sofort an alle Boote weiter.«

»Jawohl, Herr Käpten!« Schrader tippte an die Mütze und turnte die Klampen am Turm hinunter. Ich wandte mich Mohrmann zu. »Tut mir leid, daß ich wegen des ganzen Rummels hier bisher noch nicht dazu gekommen bin, mich bei Ihnen zu erkundigen, was eigentlich in Norwegen passiert ist.«

»Groß zu berichten gibt es da nicht viel. Als die Bienen kamen, sind wir alle im Keller verschwunden, wobei unser Boot das letzte in der Reihe war. Und wie es so geht, Herr Käpten, von irgendwo kam ein Zerstörer und erfaßte uns mit seinem Ortungsgerät. Das letzte, was ich wollte, war, ihn hinter den anderen Booten herzuführen. Deshalb habe ich erst mal raus in die Nordsee gesteuert.«

»Und dann?«

»Er hat ein paarmal versucht, uns zu überlaufen. Anschließend hat er es mit Wabos probiert, hat aber auch nicht geklappt.« Mohrmann kramte sein Zigarettenetui hervor. »Möchten Sie auch eine?«

Ich winkte dankend ab.

Als sein Glimmstengel brannte, inhalierte er genüßlich den ersten Zug und fuhr dann fort: »Na ja, irgendwann ist ihm das Spiel wohl langweilig geworden.« Er zuckte mit den Schultern.

»Das haben Sie verdammt gut gemacht!«

»Danke, Herr Käpten!« sagte Mohrmann mit der ihm eigenen Gelassenheit.

Während ich auf mein Boot zurückkehrte, ging mir immer noch der lapidare Kurzbericht des Kaleu im Kopf herum, vor allem das, was er dabei ausgespart hatte. Der Zerstörer mußte wenigstens zwölf Stunden hinter ihm hergewesen sein, wahrscheinlich sogar länger, wenn ich bedachte, um wieviel später er im Vergleich zu den anderen hier eingelaufen war.

Am Ende der Jagd auf ihn dürften seine Batterien so gut wie leer gewesen sein, und die Luft in der Röhre war mit Sicherheit bereits zum Schneiden dick. *Irgendwann ist ihm das Spiel wohl langweilig geworden.* Der Mann hatte echt Nerven.

Als ich in der Zentrale eintraf, tippte Oberleutnant Bär an die Mütze und meldete: »Torpedos und Minen geladen. Rohr eins und zwo mit Torpedos, drei bis sechs mit Minen bestückt. Sechs Reservetorpedos befinden sich im Bugraum.«

Daß unser neuer Bootstyp, so technisch fortschrittlich er auch ansonsten war, keine Heckrohre mehr hatte, empfand ich als Manko, denn um einen Aal auf einen Verfolger loszumachen, waren die einfach besser geeignet gewesen als unsere insgesamt sechs Bugrohre. Wer immer sich das auch ausgedacht hatte, er war von einer reinen Angriffsfunktion ausgegangen. Doch aus uns Jägern waren schon lange Gejagte geworden. Ich winkte Bärs Gruß kurz ab. »Sehr gut. Wie sieht es mit den Vorräten aus?«

»Drei Stunden, bis alles drin ist und seinen Platz gefunden hat.«

»Das muß schneller gehen. Lassen Sie einfach nur alles reinstopfen. Ein britischer Bomberstrom hat sich bereits über dem Kanal gesammelt, und nur für den Fall, daß die Tommys beschließen, uns einen Besuch abzustatten, will ich hier weg sein, bevor die eintreffen. Also, los, los! Bringen Sie die Männer auf Trab.«

Nachdem das erledigt war, zog ich mich in mein

Kabuff zurück, um mir ein paar ruhige Minuten zu gönnen und mich mit dem Übersegler zu beschäftigen. Kaum hatte ich mir den gegriffen, da klopfte es auch schon am Türrahmen, und der Vorhang wurde zur Seite geschoben. »Herr Kommandant, das wurde soeben von Land durchgegeben!«

Ich blickte auf den Zettel, den der II WO mir reichte. »Schade, daß aus der Meldung nicht hervorgeht, wer die russischen Zerstörer vor der Halbinsel Hela beobachtet haben will.«

»Es schippern ja immer noch etliche kleine Pötte in der Gegend rum. Vorpostenboote, Minensucher und natürlich auch die Flüchtlingsdampfer.«

»Wenn von denen einer an einen Verband kampfstarker Zerstörer geraten wäre, dann hätte er eher SOS gefunkt.« Grübelnd blickte ich erneut auf den Übersegler. »Die Meldung kann eigentlich nur von einem U-Boot stammen, auch wenn mir bisher nichts davon bekannt war, daß noch Boote von uns da draußen rumgurken.«

»Ist halt so, Herr Käpten! Bei uns weiß die Rechte schon nicht mehr, was die Linke tut.«

»Na na! Seien Sie bloß vorsichtig mit solchen Äußerungen, heutzutage weiß man nie …« Ich ließ den Rest offen.

Aber Mertens hatte auch so verstanden und wechselte das Thema. »Ich frage mich nur, was die Iwans vor Hela wollen.«

»Wenn sie auf Flüchtlingsdampfer aus wären, würden sie weiter nach Westen steuern.«

Der II WO schielte über meine Schulter auf den Übersegler. »Vielleicht tun sie das ja noch. Die Meldung ist knapp vier Stunden alt, und bei voller Fahrt können die schon vor Königsberg auf der Lauer liegen.«

Königsberg lag mittlerweile bereits Hunderte von Kilometern hinter der eigentlichen Frontlinie, von der Roten Armee umzingelt, eine abgeschnittene Festung, die immer noch von den angeschlagenen Resten dreier Divisionen der 7. Armee verteidigt wurde. Daß der Befehlshaber in Königsberg, Generalleutnant Laasch, von höchster Stelle angewiesen worden war, den Kessel bis zum letzten Mann zu verteidigen, pfiffen die Spatzen schon lange von den Dächern. Wenn die Iwans nun anfingen, vor Königsberg Überwassereinheiten patrouillieren zu lassen, konnte das bedeuten, sie wollten den Deckel draufmachen und sich des Problems entledigen, bevor sie zum Sturm auf Berlin ansetzten, und das würden sie bald tun, das war so sicher wie das Amen in der Kirche.

»Selbst wenn dem so sein sollte, wie wir vermuten, unsere Befehle lauten: Hanko verminen.« Ich zögerte. »Obwohl ...«

»Obwohl es nicht viel Sinn macht, Hanko zu verminen, wenn die Vögel bereits ausgeflogen sind.« Leutnant Mertens schüttelte den Kopf, aber er verkniff sich jede weitere Bemerkung. Trotzdem – recht hatte er!

Ich griff nach meiner Mütze. »Vielleicht kann ich

Kapitän Roloff noch erwischen, bevor er sich auf den Weg nach Flensburg macht.«

Ich hatte Glück, Roloff war noch da, auch wenn er schon am Packen war.

»Na, was führt Sie zu mir, Herr Thomsen? Wollen Sie die Zerstörer angreifen?«

»Das würde wenigstens so etwas wie einen taktischen Sinn ergeben«, bekannte ich und nahm auf dem einzigen Stuhl Platz, den es in seiner Stube, die ihm vom Stützpunkt zugewiesen worden war, gab. »Was haben wir davon, Hanko zu verminen, wenn die Russen schon in See sind. Bis die wieder einlaufen, ist der Krieg doch schon vorbei.«

Roloff sah mich ernst an. »Sollte man annehmen, ja.«

In seiner Stimme schwang ein Unterton mit, der mir nicht gefiel. »Zweifeln Sie etwa daran? Und jetzt bitte keine Endsieg-Parolen, dafür kennen wir uns wahrlich lange genug.«

Der Kapitän lächelte etwas melancholisch. »Das stimmt. Ich erinnere mich beispielsweise noch gut daran, wie Sie mir damals die Engländer von der *Flying Lady* übergeben haben*.«

»Das war am Anfang des Krieges und ist eine halbe Ewigkeit her. Damals haben wir noch geglaubt, wir gewinnen ihn. In der Zwischenzeit wissen wir,

––––––––––––––––––

* Siehe Erik Maasch: Die U-Boot-Falle

daß wir verlieren. Und ich muß mit meinen Booten raus, bevor die Bomber kommen.«

Roloff angelte nach dem Jackett mit den vier Streifen und betrachtete es nachdenklich. Scheinbar zusammenhanglos meinte er: »Wissen Sie, beim BdU-Stab hatte man immer gute Kontakte zur Organisation Canaris, auch noch nach vierundvierzig, als Admiral Canaris seines Amtes als Abwehrkraft enthoben worden war.«

Mir war absolut schleierhaft, warum Roloff das ausgerechnet gerade jetzt erwähnte, weshalb ich vorsichtig nachbohrte. »Und was bedeutet das für uns?«

»Es ist hinreichend bekannt, daß Canaris nie einen Hehl daraus gemacht hat, die Kommunisten nicht ausstehen zu können. Und wenn ein paar der Informationen stimmen, die so zirkulieren, dann gibt es bei den Tommys etliche, die diese Haltung teilen.«

»Ach nee!« Der Ausruf entfuhr mir ohne mein Zutun. »Wenn nicht alles täuscht, dann hassen die uns aber noch um Welten mehr als die Kommunisten, und solange einer von den NSDAP-Oberbonzen das Heft in der Hand hält, reden die ja nicht mal mit uns.«

»Schon richtig.« Roloff blieb gelassen. »Nur – der Führer steckt in Berlin, und da werden ihn die Russen vermutlich kriegen. Göring ist in Ungnade gefallen, der ist weg vom Fenster, und was Himmler betrifft?« Roloff zuckte mit den Schultern. »Unser Reichsführer SS arbeitet daran, sich in Sicherheit zu bringen. Angeblich verhandelt er mit Vertretern des Roten Kreuzes, um sich mit Gefangenenentlassungen einen Persilschein zu erkaufen.*«

Ich starrte Roloff sprachlos an, doch der nickte nur grimmig. »Die Ratten verlassen das sinkende Schiff. Und was andere Chargen angeht, so scheinen U-Boote sich auf einmal einer ganz neuen Beliebtheit zu erfreuen, um sich abzusetzen.«

»Das ist ja ein dicker Hund!«

»Sie sagen es, Herr Thomsen.« Er holte tief Luft. »Und es mehren sich die Anzeichen, daß der Führer, sollte er in der Reichshauptstadt eingeschlossen werden, Großadmiral Dönitz zu seinem Nachfolger ernennen wird.«

Ich glaubte, nicht richtig gehört zu haben. »Diese zweifelhafte Ehre hat unser Löwe nun wirklich nicht verdient! Die Alliierten werden ihn dann für den ganzen Krieg persönlich den Kopf hinhalten lassen.«

Der Kapitän zuckte mit den Schultern. »Er spricht nicht viel in diesen Tagen, vor allem nicht über sol-

---

* Tatsächlich traf Himmler Ende März 1945 Folke Bernadotte, der auch einen Kontakt zum Alliierten Oberkommando vermittelte. Es ging darum, daß die Westalliierten ein Weiterführen des Krieges im Osten unter einem neuen Reichskanzler Himmler unterstützen sollten. Himmler bot im Gegenzug die Freilassungen von westlichen Kriegsgefangenen und Juden an, die teilweise auch stattfanden. Hitler erfuhr von diesen Vorgängen allerdings erst um den 21. April herum, da seine nähere Umgebung seine Wutausbrüche fürchtete.

che Dinge. Ich glaube, er hofft immer noch, einen Friedensschluß mit den Westalliierten bewirken zu können.«

»Aber ... aber ... er muß doch wissen ...«

»Das tut er!« sagte Roloff schneidend. »Es gibt sowohl in England als auch in Amerika mehr eingefleischte Antikommunisten, als Sie vielleicht vermuten. Und an gewichtigen Stimmen, die Geschichte gleich jetzt mit zu erledigen, fehlt es nicht.«

Fassungslos schüttelte ich den Kopf. »Truman würde doch nie und nimmer ...«

Roloff unterbrach mich. »Sie denken immer noch in die falsche Richtung.« Der Kapitän lehnte sich zurück. »Soll ich Ihnen auch noch erzählen, warum Hanko so wichtig ist?«

Natürlich war ich erpicht darauf, dies zu erfahren, auch wenn ich mich fragte, warum Roloff mich in diese Dinge überhaupt einweihte. »Schießen Sie los!« bat ich heiser.

»Laut einem ehemaligen Abwehragenten, der wiederum einen hochrangigen Gewährsmann in London hat, bereitet Churchill mit einigen engen Mitarbeitern eine Operation unter dem Decknamen *Unthinkable** vor. Die Sache ist zwar noch nicht zur endgültigen

---

* Die Operation *Unthinkable* wurde am 22. Mai 1945 als bereits fertig formulierter Anforderungsplan zur militärischen Durchführbarkeitsüberprüfung und Detailplanung an die britischen Combined Chiefs übergeben. Diese streng geheimen Unterlagen wurden erst 1998 freigegeben.

Planung an die britischen Stabschefs weitergegeben worden, aber es ist damit zu rechnen, daß dies spätestens nach einer deutschen Kapitulation geschehen wird, eventuell aber sogar schon früher.«

»Und was beinhaltet *Unthinkable*?«

Kapitän Roloff lächelte kaum merklich. »Nicht mehr und nicht weniger als einen konzentrierten Angriff der Westalliierten auf die Sowjetunion.« Rein vorsorglich hob er die Hand, um Einwände meinerseits zu unterbinden und zu Ende reden zu können. »Wir kennen die Details nicht, jedenfalls nicht alle. Bekannt ist zumindest aber, daß angedacht wurde, Teile unserer dann besiegten Wehrmacht unter Waffen zu halten beziehungsweise neu auszurüsten und ebenfalls einzusetzen.«

»Waaas? Das hört sich ja noch utopischer an als alle Romane, die ein Jules Verne sich jemals ausgedacht hat.«

»Immer mit der Ruhe«, beschwichtigte mich Roloff. »Es kommt noch besser! Churchill hat eine Namenliste amerikanischer Generäle und Admiräle, die sich seiner Einschätzung nach für eine solche Operation einsetzen würden: Patton*, eventuell Eisenhower,

---

* Gen. Patton wurde nach dem Krieg wegen seines (auch während des Krieges) mehrfach wiederholten Vorschlages, zusammen mit den Deutschen gegen die Russen zu marschieren, durch Eisenhower vom Kommando über die 3. US Armee abgelöst, kam dann aber schnell zur 15. und wurde Militärgouverneur in Bayern. Eisenhower hingegen sollte viel später, als US-Präsident, der Vater einer aggressiven

Bull Halsey und Bradley. Wer sonst noch alles drauf-
steht, wissen wir momentan noch nicht.«

Wenn das stimmte, dann ... »Wie sicher ist die Information?«

»Der Kontakt gilt als zuverlässig*, und der Agent
in London ist ein Abwehrmann, der von SS-Briga-
deführer Schellenberg als Nachfolger von Canaris verloren wurde. Er ist sozusagen bei uns wieder
aufgetaucht. Sie wissen, wie das ist.« Roloff dachte
kurz nach. »Die Informationen, die er von seiner uns
unbekannten Quelle bisher abgeschöpft hat, waren

»Roll Back«-Politik gegen »die kommunistische Expansion«
werden. Admiral Halsey war bis zu seinem Tod 1959 ein Berater und persönlicher Freund Eisenhowers. Gen. Bradley
wiederum war mit allen dreien befreundet (und überlebte
sie sehr lange). Er war unter anderem Berater für den Film
»Patton, Rebell in Uniform« und maßgeblich daran beteiligt,
dessen Nähe zu den Nazis, die Bewunderung für die SS und
vor allem Pattons bekannten Antisemitismus nicht im Film
auftauchen zu lassen und stattdessen das Bild des ehrlichen
aufrechten Soldaten Patton zu zeichnen. Die Einstellung
dieser Generäle/Admiräle war sowohl in England als auch in
Deutschland bekannt.

* Es gab Hinweise auf einen deutschen Spion in der Nähe
Churchills in den Unterlagen der Abwehr. Diese Quelle »Hagen« oder auch »EM-4« berichtete bis kurz vor der Festnah-
me von Canaris, und alle Berichte wurden auch von Canaris
persönlich gelesen. »Hagen« wurde nie mit letztendlicher Sicherheit identifiziert, da jedoch Canaris selbst Kontakte zum
britischen Geheimdienst hatte und als dessen Agent tätig war,
wurde gemutmaßt, es könne sich bei »Hagen« um einen fikti-
ven Agenten handeln, dessen Informationen in Wirklichkeit
direkt vom MI6 stammten.

zutreffend.« Er wartete einen Augenblick, bevor er hinzusetzte: »Zu hundert Prozent.«

»Und Hanko?« fragte ich, also ob ich die nun fällige Antwort nicht schon erahnt hätte.

Roloff seufzte. »Sollte es wirklich rundgehen, dann werden die Westalliierten versuchen müssen, auch über Finnland zuzuschlagen. Und wen werden sie dort verheizen? Hanko ist die einzige Flottenbasis der Russen so weit südlich, von der aus einer großen Landungsoperation Richtung Karelien wirkungsvoll Widerstand geleistet werden könnte. Hanko könnte sich für Briten, Amerikaner und, sollte es dazu kommen, auch für die Deutschen als ein zweites Sewastopol erweisen, falls dem niemand einen entsprechenden Riegel vorschiebt. Und genau deswegen muß Hanko mit Minen lahmgelegt werden. Vergessen Sie daher Königsberg, Herr Thomsen, vergessen Sie die russischen Zerstörer. Ihr Ziel bleibt Hanko! Und nun raus mit Ihnen, bevor die Bomber wirklich noch hier antanzen.«

* * *

»Das kann nicht sein!« Oberleutnant Bär wirkte rat- und hilflos.

»Was?« knurrte Oberleutnant Mahnke, der LI.

»Daß der uns hört, ohne getaucht zu sein. Dafür ist unser Boot eigentlich viel zu leise.«

»Verdammt, hören Sie auf mit dem Quatsch. Sie merken doch selber, daß er das sehr wohl kann!« Ich funkelte den I WO wütend an. Einen Offizier vor den Leuten in den Senkel zu stellen widersprach den Regeln, aber Bär war einfach nur dämlich, und, was noch schlimmer war, jeder an Bord wußte es.

»Was mich interessieren würde, ist, wie er das macht!« Alle Augen richteten sich auf den II WO, und der junge Leutnant schien etwas kleiner zu werden.

»Was meinen Sie mit ›wie‹? Wahrscheinlich verfügt er einfach nur über ein verdammt gutes Horchgerät.« Bereits während ich das sagte, merkte ich, daß ich mit dieser schlichten Annahme falsch lag.

Mertens sah es meinem Gesicht an. »Die Frage ist, ob es fest installiert ist. Da er an der Oberfläche läuft, würde er in Anbetracht seiner lauten Diesel vermutlich die Hälfte der Reichweite seines Ortungsgerätes einbüßen.«

Eigentlich rekapitulierte Mertens nur, was jeder von uns wußte. Das war ja auch der Grund, weswegen die Zerstörer die U-Boot-Jagd letzten Endes immer auf gut Glück betrieben, weil die Wirksamkeit der Horchgeräte von der Oberfläche aus eingeschränkt war. Selbst die Impulse des gefürchteten ASDIC unterlagen auf dem Weg zwischen Zerstörer und U-Boot immer wieder Verzerrungen, die durch Schichten mit unterschiedlicher Temperatur, unterschiedlichem Salzgehalt, Strömungen und dergleichen mehr zu Ungenauigkeiten führten.

»Herr Mertens, Sie sind ein Genie!« erklärte der LI und verwirrte den II WO mit diesem Lob sichtlich. »Im Prinzip ist es ganz einfach«, fuhr Oberleutnant Mahnke fort. »Nicht das U-Boot muß tauchen, um rundzuhorchen, denn es reicht ja, wenn nur das Horchgerät taucht.«

»Sie meinen, der Russe schleppt ein Horchgerät nach?«

»So würde ich es machen, wenn ich ein geeignetes Ding dafür hätte. Mit dem ASDIC ginge das natürlich nicht, weil man im Boot ja nie genau weiß, wo das eigene Empfangsgerät hängt. So ein langes Kabel schlägt ja doch ein paar Buchten, aber mit einem einfachen Horchgerät kriegt man dennoch so ungefähr die Richtung, was auch genügt.«

»Was glauben Sie, wie lang müßte so ein Kabel sein?«

»Schwer zu sagen. Einerseits sollte es so lang wie irgend möglich sein, denn es bedarf schon eines gewissen Abstands zwischen den Maschinen und dem Gerät, da sonst nichts zu hören ist. Andererseits kann er schwerlich ein paar Meilen Kabel mit sich schleppen.«

Wie lang die Schleppe auch immer sein mochte, wir mußten den Burschen etwa drei Stunden beschäftigt halten, um unseren anderen Booten Zeit genug zu verschaffen, unbemerkt vorbeizukommen. Und dann mußten wir den lästigen Iwan loswerden. Beinahe automatisch setzten sich die Teile des Puzzles zusammen. »Dreißig Meter, halbe Fahrt. I WO, wir gehen vorerst wieder auf Westkurs.« Ich wandte mich um. »Frage Sonnenuntergang?«

»Zwölf-neununddreißig. Nur richtig dunkel wird's

erst gegen vier!« Der Steuermann lächelte verlegen, als sei das seine Schuld, doch so war das nun einmal im Norden um diese Jahreszeit.

»Vier paßt doch großartig! Also lassen wir ihn bis dahin hinter uns herzuckeln.«

* * *

Die Zeit verging, und die Ladung der Batterien nahm entsprechend ab. Besorgniserregend war das noch nicht, aber wie jedem Kommandanten war es mir lieber, wenn die Batterien möglichst voll waren. Was mir schon eher Kopfschmerzen bereitete, waren die anderen Boote. Hoffentlich würden sie unserem ursprünglichen Plan Folge leisten und nach Norden weiter entlang der schwedischen Küste laufen. Sollte denen nämlich auch noch etwas dazwischenkommen, konnte es schwierig werden, uns alle wieder zusammenzufinden.

Ansonsten ging in der Röhre alles mehr oder weniger seinen gewohnten Gang, denn groß zu tun gab es nichts. Der Iwan folgte uns treu und brav in einem Abstand von etwa vier Meilen. Wenn man so wollte, war das ein totes Rennen. Natürlich hätte der russische Kommandant aufholen können, doch er wußte genausogut wie ich, daß ihm das nichts gebracht hätte. Solange wir auf dreißig Metern Tiefe liefen, hatte er mit seinen Torpedos kaum Chancen. Sollte er uns zu nahe auf den Pelz rücken, dann würde er riskieren, daß wir unsererseits vielleicht doch einen

Aal auf ihn losmachten, wobei er wahrscheinlich gar nicht mal wußte, daß wir keine Heckrohre hatten. Er mußte abwarten, bis wir auftauchten, wir mußten abwarten, bis es oben dunkel wurde. Also gab es bei uns erst mal backen und banken.

Der II WO hatte Wache in der Zentrale, und so saßen wir zu dritt in der O-Messe, doch einzig unser LI zeigte rechten Appetit.

»Ist noch Kraut da?«

Wortlos schob ich die Schüssel mit dem Sauerkraut über die schmale Back.

»Danke, Herr Käpten!« Genüßlich lud Oberleutnant Mahnke sich einen gehörigen Nachschlag auf den Teller.

Ich stocherte lustlos im Essen herum. »Die nächsten Stunden bringen uns noch mal fünfundvierzig Meilen in die Ostsee hinaus«, sagte ich mißmutig.

»Die wir später auch wieder zurückmüssen!« fügte der I WO hinzu. »Weiß der Teufel, wo die anderen Boote dann sein werden!«

Der LI hob den Kopf und meinte mit vollem Mund: »Auch wenn Navigation nicht meine Stärke ist, so dachte ich bisher aber schon, das könnte man berechnen.«

Das konnte ich so nicht unkommentiert im Raum stehen lassen, wartete aber, bis der Backschafter wieder verschwunden war. »Nun mal sachte, meine Herren. Das letzte, was wir uns jetzt leisten können, ist die Austragung von irgendwelchen Querelen.« Ich blickte Oberleutnant Bär direkt an. »I WO?«

Mein Erster senkte die Augen. »Verstanden, Herr Käpten!«

»An mir soll es nicht liegen, Herr Käpten!« setzte der LI hinzu.

»In Ordnung, damit wäre das ja wohl geklärt. Herr Bär, lösen Sie doch bitte den II WO ab, damit der auch was zu futtern bekommt.«

Der LI erhob sich ebenfalls. »Dann will ich mich auch wieder an die Arbeit machen.« Er grinste. »Um den richtigen Trimm kann man sich schließlich gar nicht genug kümmern, nicht wahr?«

Ich konnte nicht anders, als ihm einen bösen Blick zuzuwerfen. »Dann tun Sie das mal, LI!«

Beide Offiziere grüßten kurz und so übertrieben zackig, daß dies wie eine Mißfallensbekundung mir gegenüber wirkte. Das hatte mir gerade noch gefehlt. Ich mußte versuchen rauszufinden, was zwischen den beiden vorgefallen war.

Leutnant Mertens kam aus der Zentrale und quetschte sich am Funkschapp vorbei in die O-Messe. »Mahlzeit!«

»Mahlzeit, Herr Mertens! Ich nehme an, der Backschafter wird Ihnen gleich was bringen.«

»Der ist mir eben unterwegs begegnet, ebenso wie der I WO und der LI, die beide allerdings ziemlich muffig wirkten.«

»Haben Sie vielleicht eine Ahnung, was zwischen den beiden nicht stimmt?«

»So ziemlich alles.«

»Wenn Sie in den Personalunterlagen nachsehen,

werden sie darauf stoßen, daß Bär geschieden ist und Mahnke ein paar Monate später geheiratet hat, mit Sondererlaubnis des damaligen Kommandanten, noch während der Baubelehrung.«

»Etwa dessen Exfrau?«

Der Leutnant nickte nur.

»Na fabelhaft!« stellte ich sarkastisch fest. »Auf den Trichter, die beiden gemeinsam auf ein Boot abzukommandieren, kann wirklich nur ein Hornochse verfallen sein.«

»Wie das gelaufen ist, weiß ich nicht«, bekannte mein II WO. »Mahnke muß aber über irgendwelche besonderen Kontakte verfügen, denn ansonsten hätte ihm die Geschichte die Karriere ruiniert. Sie wissen ja selbst, wie etepetete die Marine gerade in solchen Dingen ist.«

Na, das war ja ein schöner Salat! Unwillkürlich fragte ich mich, warum mir das gespannte Verhältnis der beiden zueinander nicht schon früher aufgefallen war. Aber das war müßig, es war eben alles so hopplahopp gegangen mit meiner Kommandoübernahme. Da hatte einfach die Zeit gefehlt, alle genau genug kennenzulernen, zumal ich ja beim Einfahren des Bootes nicht dabeigewesen war. Und wie die Marine normalerweise bei Dingen wie dem Fall Mahnke/Bär verfuhr, daß wußte ich so gut wie jeder andere Offizier: Mahnkes Karriere wäre im Eimer gewesen. Was ihn davor bewahrt hatte, waren die Tatsachen, daß LIs so knapp waren wie Gold, und seine Beziehungen, über die er, wie von Mertens angedeutet, verfügte. Noch etwas zum Nachdenken. Daß allerdings Bär anscheinend so überhaupt nichts dagegen unternommen hatte, daß die Geschichte unter den Tisch gekehrt wurde, fand ich allerdings auch etwas seltsam.

Mertens musterte mich mit einer Spur Neugier. »Gedenken Sie als Kommandant wegen des Falls zu intervenieren?«

»Ich weiß es nicht. Solange wir hier draußen sind, kann ich sowieso nichts machen und bis wir wieder einlaufen – so Gott will –, sieht alles vielleicht schon anders aus.«

»Verstehe, Herr Käpten!«

»Danke trotzdem, daß Sie es mir erzählt haben.«

Der Leutnant sah mich ernst an. »Irgend jemand mußte Sie ja davon in Kenntnis setzen, weil …« Er brach ab, da der Backschafter mit dem Essen für ihn hereinkam.

* * *

»Vier Uhr, Anbruch der Dunkelheit!« meldete der Steuermann.

»Umschalten auf Rotlicht!« Ich gab Oberleutnant Bär einen kurzen Wink. »Wache mustern!«

Die Zentrale wurde umgehend in düsteres Rotlicht getaucht; von vorn kamen die Männer der Steuerbordwache und setzten die dunklen Brillen auf, die ihre Augen an die herrschende Dunkelheit an der Oberfläche gewöhnen sollten. Ansonsten hatte das

Rotlicht noch den Vorteil, falls ein Schimmer durch das Luk nach außen drang, lange nicht so weit sichtbar zu sein wie normales gelbes Licht. Sehen und nicht gesehen werden, daran hatte sich auch durch Funkmeßortung und verbesserte Horchgeräte nicht viel geändert.

Ich warf nochmals einen Blick auf die Karte. Um uns herum war alles frei, lediglich ein Stück weiter im Norden schob sich bereits Öland wie ein Streifen parallel zur Küste nach Nordosten hin ins Baltikum. Umgeben wurde die über hundertdreißig Kilometer lange Insel von Flachwasserzonen, die wir tunlichst meiden mußten. Aber vielleicht auch nicht, weil der russische Kommandant annehmen würde, daß wir genau das taten.

»Schleichfahrt! Ruhe im Boot!«

Das Summen der E-Maschinen erstarb nahezu, nur ein leichtes Vibrieren blieb. Jegliche Gespräche verstummten, und die Lüfter liefen mit einem letzten Lufthauch aus. Alles, was nicht unbedingt dem Kampf oder dem Überleben diente, wurde abgeschaltet. U 2532 hüllte sich in Schweigen.

Befehle erfolgten nur noch im Flüsterton. »Gehen Sie auf null-null-null, LI, langsam auftauchen!«

Das Boot legte sich zögernd etwas auf die Seite, der Bug hob sich fast unmerklich. Kein Zischen von Preßluft unterbrach die Stille, da Mahnke das Boot hydrodynamisch steigen ließ, nur durch den Druck auf den Tiefenrudern. Mit quälender Langsamkeit wanderte der Kompaß aus, und der Wasserstand im

Papenberg wurde geringer. Nunmehr setzte auch ich mir die dunkle Brille auf, und es dauerte ein paar Augenblicke, bis ich wieder die Gestalten in der Zentrale ausmachen konnte. »LI, wenn wir oben sind, halten Sie das Boot auf den Rudern, solange es geht.«

»Jawohl, Herr Käpten!« Mahnke war anzumerken, wie sehr er sich darauf konzentrierte, jede Reaktion des schweren Bootes nach Möglichkeit im voraus zu erspüren. Der Leitende beherrschte sein Handwerk, und in der Hinsicht ließ sich wirklich nicht auch nur das Geringste gegen ihn sagen. Aber die Aussage bezüglich seiner Kontakte spukte mir immer noch im Kopf herum.

»GHG: Was erzählen die Fische?«

Der Horcher schien bereits auf die Frage gewartet zu haben. »Hält stur seinen Kurs, aber ich glaube, er ist etwas langsamer geworden!«

»Sehr gut!« Wie es schien, hatte er uns für den Augenblick verloren.

»Zwanzig Meter gehen durch!«

»Danke!« Ich trat unter den Turmschacht und öffnete das untere Luk. Aber immer noch wartete ich ab. »GHG: Dreht er?«

Der Funkmeister nahm sich einen Augenblick Zeit, noch einmal die Peilungen zu kontrollieren. »Wandert langsam nach Steuerbord aus, sehr langsam. Er läuft immer noch mit Dieseln.«

»Sehrohrtiefe!«

»Halten Sie uns einen Augenblick, LI. Mal sehen, ob ich eine Spur von ihm entdecken kann.« Ich schob die Brille nach oben, kletterte die Leiter empor und fuhr das Angriffssehrohr aus. Das Gesicht gegen den Gummiwulst gepreßt, bewegte ich mich im Krebsgang einmal im Kreis herum. Draußen war es wirklich bereits stockfinster, und das am späten Nachmittag.

»Naxos ist sauber!« bekam ich gemeldet, während Lichter durch mein Blickfeld huschten, die zu einem Dorf auf Öland gehören mußten. Da Schweden ein neutrales Land war, kannte es keine Verdunkelung. Ich richtete den Spargel hinaus auf die schwarze See, beinahe backbord querab.

Der Seegang war nicht hoch, reichte aber aus, um mir nun die Sicht zu nehmen, da der Sehrohrkopf sich nur knapp über dem Wasser befand. Ich fuhr das Rohr etwas weiter aus, und mein Sichtfeld erweiterte sich. Im Westen schien der Himmel noch eine Idee heller zu sein, doch sosehr ich auch meine Augen anstrengte, eine Spur von dem russischen Boot vermochte ich nicht zu entdecken, und fragte deshalb nach unten: »GHG: Wo peilt er jetzt, und wie weit ist er weg?«

Ich mußte einen Augenblick warten, bis Bär hochraunte: »Zwo-sechs-zwo, Herr Käpten! Er läuft nur noch kleine Fahrt. Drei bis vier Meilen Abstand!«

Noch einmal kontrollierte ich die Richtung, in die der Spargel zeigte, und starrte wieder hinaus. Nichts! Ich wußte ganz genau, wo er war, konnte ihn aber dennoch nicht sehen. Da er mit kleiner Fahrt

lief, erzeugte er nicht einmal eine verräterische Bugwelle. Mit einer kurzen Bewegung klappte ich die
Griffe hoch und ließ das Sehrohr einfahren. »LI, auftauchen. Langsam und ohne großen Lärm! Wache
aufziehen!«

Von unten hörte ich die Bestätigung und das Zischen von Preßluft. Das paßte mir zwar nicht, war
aber unvermeidlich, da Mahnke das Boot ja nicht
ewig dynamisch halten konnte. Meine Hände umfaß-
ten den stählernen Leiterholm, und schon hörte ich
die Meldung von unten: »Turmluk ist frei!«

In aller Eile ließ ich das Handrad wirbeln, und der
schwere Deckel sprang mit einem satten Plopp als
Folge des Überdrucks im Boot auf. Kalte Luft drang
von oben durch das Luk, und ein Wasserschwall erwischte mich. Leise fluchend machte ich, daß ich
raufkam, der II WO, der die Turmwache hatte, kam
mit seinen Männern hinterher.

Mit meinem Glas spähte ich sofort in die Richtung, in welcher der Russe rumzuckeln sollte. Doch
der war und blieb nach wie vor unsichtbar, was aber
eigentlich nicht sein konnte. Wütend beugte ich mich
über das Sprachrohr. »GHG: Wo steckt der Kerl? Ist
er getaucht?«

Oberleutnant Bär in der Zentrale mußte erst nach-
fragen, und es dauerte für mein Empfinden ewig, bis
der I WO antwortete: »Er läuft kleine Fahrt unter
Dieseln, scheint etwas nach Backbord gedreht zu haben. Peilt in zwo-fünf-vier. Etwas über drei Meilen,
schätzt der Funkmeister.«

Daß wir ihn auf diese Entfernung nicht auszumachen vermochten konnte eventuell damit zusammenhängen, daß er dunkel gepönt war. Beunruhigender noch empfand ich seine Drehung nach Backbord, denn offenbar wußte er immer noch, wo wir ungefähr steckten! Das sprach dafür, daß er uns doch irgendwie hörte. Für die Annahme, der russische Kommandant habe zufällig einfach nur richtig getippt, fehlte mir so langsam der rechte Glaube.

Ich begann die Peilungen, Abstände und Geschwindigkeiten zusammenzuklamüsern. Bei weiterer Schleichfahrt mit unseren E-Maschinen legten wir zwei Seemeilen pro Stunde zurück, der Russe machte unter Dieseln selbst bei kleiner Fahrt das Doppelte. In knapp sechzig Minuten würde er sich uns so weit angenähert haben, daß ich eine endgültige Entscheidung treffen mußte, wie ich weiter mit ihm verfuhr. Nur würde er dann wieder genau hinter uns stehen – und wir tief in den schwedischen Hoheitsgewässern.

»Tiefe laut Karte nur noch zwanzig Meter!« Bär klang, als sei das bereits eine Katastrophe. Stellen, die zu flach zum Tauchen sind, mag kein U-Boot-Fahrer, doch im Moment entsprach dieser Sachverhalt genau meinen Absichten.

»Danke, I WO!« Die Landmasse Ölands war in der Dunkelheit nur undeutlich zu erkennen. »Hart Steuerbord!«

Von unten kam blechern die Bestätigung aus dem

Sprachrohr, und das lange Vorschiff begann auszuschwenken. Der Wind schien etwas aufzufrischen und spritzte Wasser hoch. »GHG soll melden, was der Russe macht!« Mein Blick hing an der Kompaßtochter. Aufgrund unserer geringen Geschwindigkeit drehte das Boot trotz Hartruder eher gemächlich.

»Er läuft immer noch Nordkurs, genau hinter uns her! Abstand jetzt ungefähr eine Meile!«

Warum das russische Boot, obwohl es mit seinen Dieseln lief, nach wie vor für uns unsichtbar blieb, war nunmehr klar: Es schnorchelte. Den technischen Trick hatten die Russen nun also auch schon raus!

Leutnant Mertens war die Situation, in der wir uns befanden, nicht geheuer. »Uns muß er doch garantiert sehen!«

»Anzunehmen. Der andere Kommandant wäre ein Trottel, wenn er uns nicht im Sehrohr hätte. Aber der Abstand von einer Meile ist in Anbetracht der jetzigen Gegebenheiten zu weit für einen sicheren Schuß.« An die Zentrale gab ich durch: »Weiter drehen auf eins-sechs-null! Dann Maschinen stop!« Ohne auf die Bestätigung zu achten, wandte ich mich wieder dem II WO zu. »Außerdem hat er jetzt schon fast kein Wasser mehr unterm Kiel. Wenn er uns weiter auf den Pelz rücken will, muß er auftauchen. Ansonsten bleibt ihm nichts anderes übrig, als abzuwarten.«

Mertens zeigte sich immer noch skeptisch. »Was, wenn er auf die Idee kommt, einen ganzen Fächer auf uns abzufeuern – so nach dem Motto, ein Torpedo wird schon treffen?«

»Na, Sie haben vielleicht ein Gemüt wie ein Droschkenkutscher, Herr Mertens!« spöttelte ich. »Zum einen hätte er bei der Entfernung ein Problem mit der Laufzeit, weil er sich ja denken kann, daß unsere E-Böcke eingekuppelt sind, und zum anderen würde er wahrscheinlich die meisten seiner Aale sowieso nur einfach in den Schlick jagen, da Tiefensteuerungen in flachem Wasser nicht gerade zuverlässig sind.«

»Das leuchtet ein«, bekannte der II WO.

»Außerdem«, fuhr ich fort, »hat er keine Veranlassung, aufzutauchen und sich damit dem Risiko auszusetzen, sich einen unserer Torpedos einzuhandeln. Von daher wird er ein paar russische Flieger anfordern, damit die uns, sobald es hell wird, was aufs Dach geben. Also wird er einfach nur abwarten.«

Aus dem Sprachrohr kam eine Meldung von unten: »Er hat ebenfalls gestoppt. Eins-sechs-zwo, weniger als eine Meile.«

Meine Rechnung war aufgegangen. Unsere E-Maschinen waren verstummt, und wir dümpelten antriebslos auf dem Wasser. Da es kaum Strömung gab, drückte der Wind uns einfach die Küste entlang. Die sanften Bewegungen des großen U-Bootes unter meinen Füßen hatten etwas Beruhigendes.

»Und wie soll das Ganze nun weitergehen?« erkundigte sich Mertens.

»Wir lassen uns zunächst einfach nur ganz gemütlich treiben, werfen dann unsere Diesel an und laufen entlang der Küste ab.« Ich sah auf die Uhr. »Doch bis es soweit ist, müssen wir uns noch ordentlich Zeit lassen, denn der Russe soll, damit er den Braten nicht riecht, glauben, daß wir annehmen, er habe uns verloren und sei weg. Denn sobald die Motoren lärmen, werden wir ein paar von unseren Teufelseiern für ihn aussetzen.«

Ich merkte, wie der junge Leutnant neben mir erschreckt zusammenzuckte. »Aber wir sind doch in schwedischen Gewässern«, sagte er vorsichtig.

»Allenfalls noch die nächsten zwei Meilen über.«

Jedes Mal, wenn ich auf meine Uhr schaute, hatte ich den Eindruck, als wolle der große Zeiger nicht wirklich vorrücken. Aber aus den Minuten wurden irgendwann dennoch Stunden.

Und dann war es endlich soweit. »Zentrale: Dieselmaschinen halbe Fahrt«, befahl ich. »Neuer Kurs wird …«, ich warf einen kurzen Blick auf den Kompaß, »… null-vier-fünf!«

»Null-vier-fünf, Diesel für halbe Fahrt, jawohl Herr Käpten!« bestätigte der I WO.

»Sobald die Diesel laufen, lassen Sie die Rohre drei und vier bewässern! Der Steuermann soll melden, wenn wir die schwedischen Gewässer verlassen!«

»Drei und vier?« fragte Bär ungläubig nach. »Aber das sind doch die mit den Minen!«

»Sie haben richtig gehört, drei und vier!« schnauzte ich ihn barsch an. Mein Gott, war der wirklich so dämlich zu glauben, ich als Kommandant wüßte nicht mehr, was in welchem Rohr lag? »Wenn wir aus der schwedischen Hoheitszone raus sind, drehen wir wieder nach Norden und werfen die Eier.« Die vier Minen mit Magnetzündern durften reichen, um uns unseren Schatten vom Hals zu schaffen.

»Jawohl, Herr Käpten!« Ich konnte mir vorstellen, wie er schluckte.

Hustend erwachten die Diesel zum Leben. Nach der stundenlangen Stille erschienen sie mir dröhnend laut, aber aus Erfahrung wußte ich, daß das Geräusch gar nicht so weit trug. Der Bug hob sich etwas, und das Heck grub sich tiefer in die See, als die Schrauben Wasser faßten. U 2532 nahm Fahrt auf und pflügte mit Nordostkurs durch die Ostsee.

Kurz darauf meldete sich Bär wieder aus der Zentrale: »Rohre geflutet. Noch zehn Minuten bis zum Verlassen der schwedischen Gewässer, gibt der Steuermann bekannt.«

»Danke, Oberleutnant!«

Aber Bär war noch nicht fertig. »Der Iwan hat seine Diesel wieder laufen. Kleine Fahrt, der Horcher koppelt noch an seinem Kurs.«

Das war zu erwarten gewesen, denn mit seinen leiseren E-Maschinen hätte er mit uns nicht mithalten können. Der Russe würde sich wieder achteraus an uns anhängen – mehr nicht. Warum sollte er auch das Risiko eingehen, sich mit uns herumzuschlagen, nun, da der Morgen nicht mehr fern war und russische Piloten, denen er nur unseren genauen Standpunkt durchzugeben brauchte, uns wesentlich problemloser zu den Fischen schicken konnten.

»Zwei Minuten bis zum Kurswechsel, Herr Käpten!«

»Was macht der Russe?«

»GHG hört ihn nur ganz schwach, er schwenkt immer mehr hinter unser Heck.«

»Danke, I WO!« Sich in unserem Hecksektor aufzuhalten machte natürlich Sinn, denn in dem Bereich waren unsere Horchgeräte taub. Wenn wir noch mehr nach Norden drehten, würden seine Geräusche komplett von unseren eigenen Maschinen übertönt werden.

»Zeit zur Kursänderung!«

»Backbord zehn! Neuer Kurs wird null-eins-null!« Ein paar Sekunden gab ich noch zu. »Minen aus Rohr drei und vier!«

»Minen klar!«

Während das Boot drehte, platschten vorn am Bug die aus den Rohren gestoßenen Minen ins Wasser und sanken auf den Grund. Nach etwa fünf Minuten würden sie sich vom Schlitten lösen und wie jede normale Ankertaumine so weit nach oben aufsteigen, wie die Drahttrosse reichte. Dann waren die Dinger scharf, und bis der Iwan unsere augenblickliche Position passierte, würde das der Fall sein.

Außer warten konnten wir nun nichts mehr tun, doch das war quälend genug und dauerte und dauerte … Die erste Explosion, die endlich erfolgte, nahm sich enttäuschend harmlos aus. Achteraus flammte unter Wasser lediglich ein bescheidener orangener Blitz auf. Das russische Boot mußte demnach genau auf Sehrohrtiefe gelaufen sein. Ein dumpfer Schlag hallte durch die späte Nacht. Ich wandte mich halb zu Mertens um und wollte etwas sagen, aber die Worte blieben mir im Halse stecken.

Hinter uns brach ein Vulkan aus der See, eine gespenstisch von unten her beleuchtete Wassersäule wurde in die Höhe geschleudert. Der Anblick eines Infernos, das rhythmisch weiterging, als die Torpedos des russischen U-Bootes nacheinander hochgingen. Brennendes Öl stieg an die Oberfläche und erhellte die Szenerie. Für kurze Augenblicke tauchte als Silhouette der Turm des Russen in einem irren Winkel halb nach oben gerichtet auf, wobei das dazugehörige Vorschiff bereites völlig fehlte. Dann versank auch der Rest des Wracks über das Achterschiff – nur um nochmals wieder aufzutauchen und danach erneut wegzusacken.

Als alles vorbei war, murmelte Leutnant Mertens völlig erschüttert etwas von den armen Schweinen: »Die hat's voll erwischt.«

»Besser die als uns!« Schaudernd wandte ich mich ab und hatte Mühe, mich einigermaßen zusammenzureißen. Danach trachtend, mir nichts anmerken zu lassen, gab ich per Sprachrohr an die Zentrale durch: »I WO, Kurs beibehalten. Gehen Sie auf zwölf Knoten!«

* * *

79

»Funkspruch, Herr Käpten!« Leutnant Mertens streckte den Kopf durch den Vorhang in mein Kabuff.

Immer noch müde, schwang ich die Beine aus der Koje. »Von wem?«

»U 797, nur eine Positionsangabe. Planquadrat AO 5517.«

Dazu brauchte ich nicht einmal die Karte zu bemühen, so oft, wie ich bereits über den Planquadraten für die Ostsee gebrütet hatte. »Nördlich Öland und etwas westlich der Südspitze von Gotland.«

»Exakt!«

Irgendwie hatte ich den Eindruck, als beschäftige den Leutnant noch etwas anderes. »Liegt sonst noch was an?« fragte ich und schielte unauffällig auf die Uhr. Auch wenn es erst Viertel nach sechs war, hätte ich mir dies eigentlich schenken können, da auf U-Booten Schlaf immer Mangelware war.

»Nicht direkt. Die Funker haben ein paar andere Sprüche aus dem Äther gefischt, nicht an uns gerichtet, aber …«

Wortlos streckte ich die Hand aus, und er reichte mir den Zettel mit den Meldungen. »Das war nicht anders zu erwarten«, kommentierte ich, um Sachlichkeit bemüht, den Text.

»In der Stadt wird bereits gekämpft.« Dem II WO war seine Erschütterung anzumerken.

»Irgendwann mußte es zu dem russischen Sturmangriff auf das seit Monaten abgeschnittene Königsberg kommen. Oder haben Sie etwa geglaubt, die

Rote Armee würde die Stadt einfach ignorieren, bis der Krieg vorbei ist?«

»Nein, das nun gerade nicht ...« Er zögerte. »Aber jetzt, da es tatsächlich passiert ... es ist schon ein seltsames Gefühl!«

»Haben Sie denn dort Verwandte oder Freunde sitzen?«

»Eher Bekannte aus meiner Zeit in Gotenhafen, nichts Festes, wenn Sie das meinen, Herr Käpten.«

Die leichte Röte, die bei diesen Worten sein Gesicht überzogen hatte, verriet, daß das so nicht ganz stimmte. Aber da dies schließlich seine reine Privatsache und an der Situation ohnehin nichts zu ändern war, wechselte ich das Thema. »Wie ist so ganz allgemein die Stimmung innerhalb der Mannschaft?«

»Gemischt! Es gibt tatsächlich einige, die befürchten, der Krieg könne rum sein, bevor sie einen Orden verpaßt bekommen haben; etliche machen sich natürlich Sorgen um ihre Angehörigen oder Bekannten daheim, und ein paar haben die Versenkung des Russen noch nicht verdaut.«

Ich lauschte den Worten nach und hatte Verständnis für die Jungs, die noch nie zuvor ein Schiff hatten sterben sehen, ein Anblick, der auch älteren Seebären immer wieder aufs neue zusetzte. »Alles klar dann! Die Funker sollen Lindner unsere Position übermitteln, dann tauchen wir und versuchen aufzuschließen.«

Der Tag verging mehr oder weniger ereignislos. Routinemäßig tauchten wir und liefen unter Wasser mit Höchstfahrt, kamen wieder hoch und liefen weiter, während wir dabei die Batterien aufluden. Der Himmel hatte sich bewölkt, und gelegentliche kalte Regenschauer machten das Wachegehen ungemütlich. Zweimal schlug unser Naxos an, und wir machten, daß wir vor den Flugzeugen rechtzeitig genug noch in den Keller kamen, um nicht bemerkt zu werden. Ein Glück, denn die Wassertiefe reichte kaum aus, die gewaltige Walform des Bootes wirklich vor Augen aus der Luft zu verbergen.

Meine Gedanken beschäftigten sich immer mehr mit den Befehlen. Für uns war dieser Krieg beinahe zu Ende, aber der nächste stand quasi schon vor der Tür, wenn die Westalliierten mit den Plänen, von denen Roloff mir berichtet hatte, wirklich Ernst machten. Hanko konnte sich dann als genialer Schachzug erweisen. Falls die Russen allerdings bereits auch nur das Geringste davon ahnten, war Hanko als strategisches Ziel von uns naheliegend. Wir würden folglich ins offene Messer laufen, ohne daß auch nur ein Hahn danach krähte. Deutschland würde den Krieg sowieso verlieren, und wenn die antikommunistische Allianz gegen Rußland nicht klappte, dann vermochte Mister Churchill seine Hände weiter in Unschuld zu waschen und den Freund Stalins zu mimen, als sei nichts passiert. Doch noch weiter in unserer Situation darüber nachzugrübeln war müßig und führte zu nichts.

Es war kurz vor elf, und da Lindner per Funk »Peilzeichen 23:00 Uhr« bestätigt hatte, begab ich mich in die Zentrale.

Der Steuermann tippte kurz an seine Mütze, bevor er Meldung machte: »Der I WO dreht eine Runde durchs Boot. Alles ruhig, Herr Käpten!«

Automatisch erwiderte ich den Gruß und bedankte mich. Natürlich war es ruhig im Boot. Die Männer waren entweder auf Wache oder lagen in ihren langsam stinkiger werdenden Lederpäckchen auf der Ducht, eingewickelt in die muffigen Decken. Die relative Wärme in unserer Röhre produzierte reichlich Kondenswasser, das in großen Tropfen an den Rohren und den Außenwandungen hing, und ich spürte den Luftzug, mit dem die schweren Diesel Verbrennungsluft durch das offenen Turmluk ansaugten. Bei dem niedrigen Seegang hätten wir normalerweise ohne weiteres schnorcheln können, aber um die Peilzeichen zu empfangen, mußten wir an der Oberfläche laufen und die Antenne möglichst hoch rausbringen. »Wie sieht es im Naxos aus?«

»Ist sauber. Im Gegensatz zu den Tommys mögen die Russen anscheinend keine Flüge, die bei Nacht über See führen.«

Da war zwar was dran, denn die Engländer flogen in der Tat ihre Patrouillen rund um die Uhr. Für wahrscheinlicher hielt ich aber, daß die nächtlichen Einsätze der russischen Maschinen anderswo erfolgten, über Königsberg beispielsweise oder Berlin. »Ich bin dann mal oben. Sobald der Funker Lindners Peilzeichen empfängt, will ich sofort verständigt werden.«

»Jawohl, Herr Käpten!«

Ich griff nach den Leitersprossen, wandte mich aber noch mal um. »Und alles, was sonst noch reinkommt!«

An den plötzlich sich weitenden Pupillen des Steuermanns konnte ich ablesen, daß er begriffen hatte, was ich damit meinte. Ohne ein weiteres Wort darüber zu verlieren, kletterte ich nach oben. Nur, was hätte ich auch noch groß dazu sagen sollen? Daß ich einfach das Gefühl hatte, als würde in dieser Nacht noch etwas Wesentliches passieren? Auf den eigenen Instinkt zu hören war nicht grundsätzlich verkehrt, und ich kannte einige Kommandanten, die in diesem Seekrieg dies einfach nicht vermocht hatten und mit ihren Booten für immer am Grund des Meeres geblieben waren.

Auf dem Turm begrüßte mich gleich eine kalte Regenböe.

»Kurs ist drei-fünf-drei, Maschine läuft fünfzehn Knoten!« meldete mir der II WO.

Ich winkte kurz ab. »Danke! Augen offenhalten, Männer. Die anderen Kameraden karriolen hier irgendwo herum. Wir wollen sie treffen, aber nicht in der Dunkelheit übermangeln!«

Die Wachposten quittierten die Bemerkung pflichtschuldigst mit einem flüchtigen Grinsen, bevor sie sich wieder auf ihre Sektoren konzentrierten. Drei Stunden ihrer Nachtwache hatten sie bereits hinter sich, ihre Zeiss-Gläser vermittelten den ermüdeten Armen den Eindruck, unendlich schwer zu sein, und die Augen brannten vom stundenlangen Starren in die Dunkelheit. So wichtig diese Aufgabe, von der das Leben aller an Bord mit abhing, auch war, so verlief sie dennoch ebenso monoton wie anstrengend: Stück für Stück mit dem Glas den zugeteilten Sektor abzusuchen, anschließend Nachkontrolle mit bloßem Auge. Und dann wieder das Ganze von vorn. Nach einer Weile hatte man dabei fast zwangsläufig das Gefühl, als wollten einem die Augen aus dem Kopf quellen.

Ich stützte mich auf die Turmbrüstung und sah mich um. Die Wellen glitten nur mit kleinen weißen Schaumkronen am Rumpf entlang, unsere Bugspitze war mehr zu erahnen denn zu erkennen; was jenseits des Bootes lag, war in Finsternis gehüllt. Lediglich an Steuerbord konnte ich den Widerschein des alten schwedischen Leuchtfeuers Karlsö erkennen, das wie in Friedenszeiten hinaus auf See strahlte, um Schiffen den Weg in der Dunkelheit zu weisen. Warum auch nicht? Als neutrales Land, das von diesem Krieg verschont blieb, konnte Schweden sich solch einen Lichtzauber leisten.

»Von GHG! Schraubengeräusche in drei-eins-fünf, Abstand etwa sechs bis zehn Meilen!« Oberleutnant Bär war offensichtlich von seinem Rundgang in die Zentrale zurückgekehrt. »Der Funker meint, es seien Fischerboote.«

Dorsch- oder Heringsfänger, die um diese Zeit ihrem Metier nachgingen, waren völlig normal, und auf dem von uns eingeschlagenen Kurs sollten wir gut von denen freikommen. »Irgendeine Spur von den Unseren?«

»Nichts, Herr Käpten!«

Da konnte man nichts machen, auch wenn Lindner mit seinem Peilzeichen bereits überfällig war, aber Hinderungsgründe dafür konnte es bei einem U-Boot immer mehr als genug geben, und so beschloß ich, abzuwarten und noch eine halbe bis ganze Stunde zuzugeben.

»Lichterquelle in sechs bis acht Meilen«, rief einer unserer Ausgucke, und ich folgte sofort mit meinem Nachtglas der Richtung, in die sein Arm zeigte, auch wenn die Meldung alles andere als vorschriftsmäßig erfolgt war. Doch alles, was ich sah, deutete darauf hin, daß die Fischer nur zusätzlich zu ihren Navigationslampen diese Festbeleuchtung eingeschaltet hatten, um ihre Schleppnetze unter vernünftigen Sichtverhältnissen einzuholen. So einen Zinnober mit verräterischen Bogenlampen zu veranstalten war ja wohl für diese Fischschuppenjäger aus Schweden auch nur in der Ostsee möglich, wo ihnen keine der kriegführenden Parteien was anhaben wollte. Meinem momentanen Hang, darüber zu sinnieren, welches Risiko mit einem solchen Verhalten draußen auf dem Atlantik verbunden gewesen wäre, widerstand ich und sagte statt dessen zu Mertens: »Bringen Sie uns manierlich um die Burschen herum, auch für den Fall, daß hier noch Treibnetze …«

Das Sprachrohr erwachte wieder zum Leben. »Herr Käpten! Der Funker fängt gerade einen offenen Spruch aus Kiel auf.«

»Inhalt?«

Bär druckste etwas herum. »Sie sollten vielleicht besser nach unten kommen und sich selbst den genauen Wortlaut geben lassen!«

»Mach ich!« sagte ich und beugte mich über das Luk. »Ein Mann Zentrale!« Dann rutschte ich auch schon abwärts, und meine Stiefel schlugen auf das Stahldeck.

Im grellen Licht der Zentrale wirkte Oberleutnant Bär noch blasser als sonst.

Ich ignorierte ihn und quetschte mich an ihm vorbei in die Funkbude. »Was gibt's denn Aufregendes?«

»Schwerer Luftangriff auf Kiel, Herr Käpten! Der Hafenkommandant fordert dringend einen Schwimmkran von Neustadt an.« Der Funkgast klang, als müsse er ein wütendes Schluchzen unterdrücken. »Die Tommys haben *Admiral Scheer* erwischt!«

Die Nachricht machte auch mich betroffen. Das letzte der Panzerschiffe, nun hatten die Engländer den* also auch noch erwischt. Schneller als alle Stär-

---

* Das Panzerschiff *Admiral Scheer*, später klassifiziert als schwerer Kreuzer, war neben *Hipper* und *Prinz Eugen* eines der seltenen Schiffe, die aus unerfindlichen Gründen im Marinejargon einen männlichen Artikel verpaßt bekamen. Es hieß also »der *Scheer*«, »der *Hipper*« und »der *Prinz*« allerdings wurde auch das nicht durchgängig so gehandhabt.

keren, stärker als alle Schnelleren, wie oft hatten die Tommys schon versucht, *Scheer* zur Strecke zu bringen. Ein Schiff aus einer anderen Zeit, ein Schiff, das seine Zeit überlebt hatte. Ein weiteres Zeichen der Niederlage. Nun schwammen also nur noch zwei der dicken Schiffe, *Prinz Eugen* und *Admiral Hipper*. Der Gedanke brachte mich in die Gegenwart zurück. »Gibt es auch Informationen über *Hipper*?«

»*Hipper* wurde ebenfalls getroffen, aber aus dem Spruch geht nicht hervor, wie schwer. Der Schwimmkran ist für SC*!«

Damit konnte es keine Zweifel mehr daran geben, daß *Scheer* erledigt war. Ich stützte mich gegen den Rahmen des Schotts. Als junger Kadett hatte ich auf *Scheers* Schwesterschiff, der *Graf Spee,* eine Auslandsreise mitgemacht. Auch die *Spee* schwamm schon lange nicht mehr und war bereits zu Beginn des Krieges vor der Küste Uruguays von der eigenen Besatzung, die sich in einer aussichtslosen Lage wähnte, versenkt worden. Viele der stolzen Schiffe, die mit uns in Spithead vor Anker gelegen hatten, lagen nun bei den Fischen. *Hood*, *Couragous*, *Hermes* etwa. Die Zeit der großen Artillerieträger war zu Ende gegangen, ohne daß man es so richtig bemerkt hätte. Unsere U-Boote hatten den Kampf übernommen, Korvetten hatten dagegengehalten. Ich nickte müde. »Danke! Schreiben Sie den

---

* SC Morsekurzzeichen des schweren Kreuzers *Admiral Scheer.*

Rest auch noch mit, ich lese ihn dann später.« Meine Stimme gewann wieder an Festigkeit. »Und achten Sie darauf, daß wir die Peilzeichen von sieben-neun-sieben mitkriegen. Wir wollen ja nicht die nächsten sein!«

* * *

»Peilzeichen von U sieben-neun-sieben! Peilt in null-null-fünf, stark, sehr stark, sagt der Funker. Die müssen demnach ganz in der Nähe sein!«

»Danke, Steuermann!« Ich richtete mich am Sprachrohr wieder auf und spähte über die Turmbrüstung in die Nacht. Nichts! »Kann jemand was sehen?« erkundigte ich mich.

Die Wachposten starrten nur wortlos weiter ins Dunkle, der I WO, der Mertens abgelöst hatte, schüttelte den Kopf.

»An GHG: Was erzählen die Fische?«

»Wenigstens gibt es hier genug Wassertiefe«, merkte Oberleutnant Bär an.

Damit hatte er recht, denn je weiter wir nach Norden kamen, desto tiefer wurde die Ostsee. Vereinzelt gab es schon Stellen mit über hundert Metern, doch die meiste Zeit hatten wir so um die achtzig bis neunzig Meter Wasser unter dem Kiel. Die würden reichen, um auf den hundertvierzig Meilen, die noch vor uns lagen, bevor wir uns wieder nach Osten halten würden, vor Flugzeugen wegzutauchen. Sollten wir aber an Zerstörer geraten, waren die neunzig Meter, die uns zur Verfügung standen, nicht genug.

»Es wäre trotzdem besser, nicht vor der Zeit aufzufallen«, sagte ich zu Bär.

»Nur werden die Russen irgendwann ihr U-Boot vermissen.«

»Aber das heißt dann noch lange nicht, daß sie wissen, was passiert ist, immer vorausgesetzt, der Kerl hat keine Meldung abgesetzt.«

»Das hätten unsere Funker ja wohl mitbekommen, Herr Käpten!«

»Wahrscheinlich!« Ich blickte hinaus in die Nacht. Von unseren anderen Booten war, obwohl sie nicht weit weg sein konnten, noch immer nichts zu sehen. Allerdings würden wir sie ohne Lichter von hier oben erst bei einem Abstand von etwa neunhundert bis tausend Metern wahrnehmen.

Aus dem Sprachrohr drang die Stimme des Steuermanns. »Von GHG: Fischerboote in zwo-acht-fünf, etwa acht bis zehn Meilen.«

»Danke! Aber wir suchen U-Boot-Diesel und erheblich näher.«

»Ich kann ja noch mal den Funkmeister fragen.«

»Tun Sie das!« In mir machte sich Unruhe breit. Und plötzlich fiel es mir wie Schuppen von den Augen: Wenn die Kameraden mit den geräuscharmen E-Maschinen liefen, dann würden wir sie kaum hören können. Aber warum sollten sie das tun? Die Antwort ergab sich fast von selbst: Weil sie einen Kontakt hatten, irgend etwas, das sie zwang, leise zu sein; ein weiteres russisches U-Boot eventuell. Und wir liefen mit laut wummernden Dieseln genau in den Schlamassel hinein! So ein Mist!

»Richtung nochmals feststellen, in der Lindner jetzt peilt!« Während sich über unseren Köpfen die Peilantenne bewegte, tippte ich dem I WO auf die Schulter. »Schnappen Sie sich mal die Vartalampe. Wie lautet das Erkennungszeichen für heute?«

»RZ, Herr Käpten. Antwort ist UK.«

Per Sprachrohr meldete sich erneut der Steuermann. »Starkes Peilzeichen nun aus null-null-sieben, wandert ein wenig nach Steuerbord aus.«

»Sehr schön!« Ich wandte mich an Bär. »Dann versuchen Sie mal Ihr Glück. Null-null-sieben!«

Der Oberleutnant kletterte auf den Sehrohrblock und begann in die Dunkelheit zu morsen. Kurz – Lang – Kurz, Pause, Lang – Lang – Kurz – Kurz: RZ. Dreimal wiederholte er den Anruf. Obwohl wir mit blauer Sichtscheibe morsten, war die Wahrscheinlichkeit groß, daß die verdammten Fischer davon was mitkriegten. Einmal mehr beugte ich mich über das Sprachrohr. »An GHG, was machen die Fischer?«

Die Antwort ließ etwas auf sich warten. »Gar nichts, die ziehen ruhig ihren Kurs und funken auch nicht.«

»Danke!«

»Herr Käpten!« Einer der Posten zeigte mit ausgestrecktem Arm fast in unsere Bugrichtung, wo nur knapp voraus nun ebenfalls ein blaues Licht aufblitzte.

»Hart Backbord, kleine Fahrt!« befahl ich sofort.

Das Ruder griff beinahe sofort, und das Boot schwankte etwas auf die Seite, als der lange Bug scharf ausscherte. Lindners Boot stand keine achthundert Meter vor uns. Kein Wunder, daß wir ihn nicht gesehen hatten, da wir genau hinter seinem Heck hergedampft waren, wodurch er nur eine schmale Silhouette geboten hatte, die in der Dunkelheit nicht auszumachen gewesen war.

»Stützruder! Steuerbord fünf!« Etwas geruhsamer schoren wir auf einen Parallelkurs. »Signalisieren Sie rüber: K an K – Nett Sie zu sehen, wo sind die anderen?«

Wieder stachen die Lichtblitze durch die Nacht. Die Rückmeldung ließ einen Augenblick auf sich warten. »K an K: Vor uns!«

Mir fiel ein Stein vom Herzen, weil alle noch da und wir wieder beisammen waren. »Gut zu wissen. Warum laufen Sie auf E-Maschinen?«

»K an K: Kontakt in null-vier-sechs, große Entfernung. Diesel!«

Ich spürte, wie die Erleichterung wieder verflog. Den I WO wies ich an, bei Lindner nachzufragen, ob er dabei auf ein U-Boot tippe.

Ich las die Rückantwort mit, noch bevor sie Bär übersetzte. »Könnte sein. Geräusch setzte plötzlich im GHG ein.«

Das deutete entweder auf ein U-Boot hin, das aufgetaucht war und seine Diesel angeworfen hatte, oder auf einen Fischer, der sich still hatte treiben lassen, bis er eben beschloß, weiterzufahren. Null-vier-sechs – von Lindners Boot aus gerechnet, große Entfernung. Ich hatte mich in den vergangenen Tagen so oft mit der Karte beschäftigt, daß sie jetzt quasi wie von selbst vor meinem geistigen Auge erschien. Das Fahrzeug befand sich demnach im Flachwasser nördlich von Gotland, nicht gerade die Ecke, die ich mir mit einem U-Boot ausgesucht hätte – es sei denn, ich wollte jemandem vorgaukeln, lediglich ein harmloser Fischer zu sein.

Mit einem Seufzen gab ich das Grübeln auf. Langsam kam ich mir schon selbst so vor, als hätten all die Kriegsjahre mein Mißtrauen beinahe übertrieben gesteigert.

* * *

Die Nacht verging und machte einer grauen Morgendämmerung Platz. Es war bewölkt, in einiger Entfernung zog bereits eine Regenwand auf, und unsere Sichtverhältnisse nach allen Seiten hin waren eher mäßig. Für Jagdflieger hingegen ein ideales Wetter. Kurz entschlossen drückte ich den Alarmknopf, und im Boot schrillten die Klingeln los. In den Zeiten vor der Funkmeßortung war ein Morgenalarm gang und gäbe gewesen, weil man nie wußte, ob mit dem zunehmenden Tageslicht nicht auch noch irgendwelche unliebsamen Überraschungen verbunden waren. Diesen Zeitabschnitt erst einmal unter Wasser zu verbringen und sich auf das Horchgerät statt auf die eigenen Augen zu verlassen war sicherer gewesen. Und hier und heute? Wir hatten unser FuMO nach wie vor ausgefahren, alles schien wunderbar zu funktionieren, aber unser Naxos war sauber, obwohl es kaum einen Meter von unserer eigenen Radarantenne entfernt angebracht war. Wenn es eines Beweises bedurft hätte, daß das Gerät nicht jedes Radar anzeigte, hier war er!

»Alle Mann auf Gefechtsstation!«

Ich beugte mich über das Sprachrohr. »Danke, LI! Sagen Sie mal, wieso halten Sie eigentlich die Stellung in der Zentrale?«

»Der I WO sieht kurz vorn nach dem Rechten, Herr Käpten!«

Übersetzt hieß das, Bär wollte seinen Platz in der Toilettenschlange nicht aufgeben. Eigentlich eine Pflichtverletzung, aber in Anbetracht der Tatsache, daß für insgesamt sechsundsechzig Mann nur ein Abort zur Verfügung stand, weil der zweite derzeit noch als Konservenlagerraum diente, durchaus verzeihlich. Außerdem beherrschte der LI das Boot so gut wie jeder andere meiner Offiziere.

»Dann erzählen Sie mir mal, was unsere Funker haben.«

»Geben Sie mir bitte einen Moment!« Ich hörte, wie der Ingenieur sich per Nachfrage sachkundig machte. »Ein paar Fischer, ganz am äußeren Rand, in zwo-acht-null auf Gegenkurs.«

Die Fischer strich ich gleich wieder aus meinen Gedanken, kaum, daß der LI sie erwähnt hatte. Die liefen nach einer langen Nacht zurück in ihre Häfen. Am äußersten Rand, das bedeutete am Rand das Drauf*, etwa zwölf Meilen weit weg und dann noch auf Gegenkurs. Bei diesen Sichtverhältnissen konnten die uns gar nicht sehen.

Der LI sprach weiter. »Zehn Meilen an Steuerbord voraus, in null-sieben-vier Grad läuft ein einzelnes Schiff, anscheinend was Größeres. Sieben Knoten, Kurs ungefähr Ost-Nord-Ost.«

Den Frachter, der offenbar in den finnischen Ostseebusen wollte, kannten wir auch schon ein Weilchen.

»Und dann haben wir noch den Burschen hinter uns, ganz genau eins-acht-null, Abstand zehn Meilen.«

Irgendwie gefiel mir das nicht. Wir liefen gerade einmal vier Knoten, da wir es uns nicht leisten konnten, eine prächtige lange weiße Schleppe aus Kielwasser zu hinterlassen, die jeder Flieger vom Himmel aus im Falle einer Wolkenlücke leicht erkennen konnte. Also immer schön sutje, lautete daher die Devise, obwohl dadurch jeder unsere Geschwindigkeit locker mitlaufen konnte. Wer auch immer hinter uns herdackeln mochte, sehen konnte er uns bei dem Abstand garantiert nicht. Falls er uns aber nicht nur zufällig, sondern gezielt folgte, dann mußte er ein Radar haben, das unser Naxos

---

* Drauf: Damalige deutsche Bezeichnung für einen Radarschirm.

nicht mitbekam, oder ein Gerät, das unser Hohentwiel* einpeilen konnte.

»Wie lange haben wir noch bis zum Kurswechsel?«

»Gute anderthalb Stunden, Herr Käpten!«

»Also schön, Alarm beenden, der Smut soll Früh-
stück machen.« Dem ließ ich noch eine blitzschnelle
Entscheidung folgen, die nicht ohne Risiko war. »Und
die Funker sollen das FuMO einfahren.« Vielleicht
verloren wir ja unseren Schatten auf diese Weise.

Nachdem Mertens die Wache übernommen hatte,
hockten nur Bär, Mahnke und ich in der engen Messe und stopften Spiegeleier mit Speck in uns hinein,
nicht ohne überreichlichen Gebrauch von Pfeffer
und Salz zu machen, denn wie immer nach nur wenigen Tagen auf See waren unsere Geschmacksner-
ven durch ständigen Öldunst, der uns in der Röhre
umgab, bereits fast völlig abgestumpft.

»Wenn wir tauchen, könnten wir in vierundzwanzig Stunden unsere Minen vor Hanko ausbringen!«

Ich blickte auf und sah Mahnke an. »Wir schon,
die anderen aber nicht, und alleine haben wir nicht
genügend Minen, um eine wirkungsvolle Sperre zu
legen.«

»Ich meinte ja nur!« maulte der LI.

»Ah ja?« Ich lächelte nachdenklich. »Hat sonst
noch jemand Vorschläge?«

---

* FuMO 65 »Hohentwiel« war das Radargerät der Deutschen,
das auf den Booten vom Typ XXI zum Einsatz kam.

Oberleutnant Bär angelte nach einer weiteren Scheibe Brot. »Königsberg wird sich nicht mehr lange halten.«

Was der I WO mit dieser Feststellung bezweckte, war klar, und ich fuhr im deshalb ohne zu zögern in die Parade. »Das ändert aber nichts an unseren Befehlen.«

Der LI ließ deswegen aber dennoch nicht locker. »Sind diese Befehle nicht sinnlos, wenn Königsberg fällt und es keine Flüchtlingsschiffe mehr gibt?«

Ich verstand Mahnke nur zu gut, da so kurz vor Toresschluß keiner von uns unnütz draufgehen wollte. Ich auch nicht. Doch Befehle waren nun einmal Befehle. Noch während ich an einer passend formulierten Antwort rumknobelte, wurde Alarm gegeben.

Sofort hallte das Getrampel von Seestiefeln durch die Röhre, die Turmwache polterte die Leiter runter, Befehle wurden gerufen, und die Schnellentlüftungen knallten auf. Mit ein paar schnellen Schritten war ich in der Zentrale und angelte nach Halt, als unser Bug sich steil nach unten richtete. Von oben hörte ich Leutnant Mertens rufen: »Turmluk ist dicht!« Dann kam der II WO auch schon an den Leiterholmen runtergerutscht und meldete, als er mich sah: »Flieger, Herr Käpten, ein Flugboot, etwa in der Größe einer Catalina.«

Flugzeugerkennung von russischen Maschinen war offenbar bei dem verkürzten WO-Lehrgang im Stoffplan nur noch ein Randthema, aber der »Flugboot«-

Hinweis besagte mir auch so genug. »Ein Aufklärer demnach, der aber durchaus auch ein paar Wabos dabeihaben könnte. Was meinen Sie: Hat der Pilot uns gesehen?«

»Vermutlich schon, er kam durch die Wolken gestoßen und uns ziemlich nahe.«

Unsere E-Maschinen liefen AK, und der LI drückte das Boot mit den Tiefenrudern steil weiter nach unten.

»Sechzig Meter gehen durch, LI!«

»Steuerbord fünfzehn!« ordnete Mahnke an. Das hätte ich nicht anders gemacht, um der Gefahr zu entgehen, daß von dem Flugboot aus ein paar Koffer in unsere bisherige Kursrichtung einfach auf Verdacht hin abgeworfen wurden.

Das Boot legte sich in eine enge Kurve, möglichst weit wegzukommen von den Eintauchkringeln, die die Richtung verrieten, in der wir unter Wasser verschwunden waren, war das einzig Vernünftige.

Der LI ließ den Bug von U 2532 nun wieder aufkommen. Unter meinen Füßen spürte ich die vertraute kurze Nickbewegung des Bootes, noch bevor Mahnke meldete: »Achtzig Meter, Boot ist durchgependelt, Herr Käpten.«

»Danke, LI, hervorragend gefahrenes Manöver!« Ich tippte kurz an die Mütze. »Gehen Sie jetzt auf kleine Fahrt, nicht, daß wir die anderen verlieren.« Meine eigenen Worte ließen mich stutzen. Fünf U-Boote bedeuteten auch fünf Abtauchkringel, und alle miteinander konnten der Besatzung des Fliegers doch gar nicht unbemerkt geblieben sein. »Wie nahe«, fragte ich daher Mertens, »ist uns Ihrer Schätzung nach die Maschine gekommen?«

»Bis auf zweitausend Meter würde ich sagen. Die ist einfach urplötzlich aus den Wolken gestoßen. Gegen den Wind waren jedenfalls keine vorankündigenden Motorengeräusche vernehmbar.«

Bei dieser Distanzangabe wurde mir im nachhinein noch fast schlecht, denn eigentlich hätten wir jetzt tot sein müssen, durch gezielte Wabo-Abwürfe getroffen und auf den Grund der Ostsee geschickt. Wir hatten einfach nur ein Schweineglück gehabt, daß in der Kanzel des Flugbootes nur »blinde«, unerfahrene Piloten gesessen hatten.

»LI, wenn wir wieder auftauchen, will ich, daß das Naxos kontrolliert wird, denn der Kerl muß Radar gehabt haben, nur hat davon unser Zauberkistchen nichts mitgekriegt und entsprechend auch nicht auf die herannahende Bedrohung reagiert. Auf den anderen Booten war das offenbar auch der Fall.«

»Ich kümmere mich darum, nur wenn die anderen Geräte genauso …«

»Schon klar!« Ich winkte unwirsch ab. »Die müssen einen neuen technischen Dreh herausgefunden haben. Herr Mertens, hängen Sie sich an die Gertrude und versuchen Sie, die anderen zu erwischen. Geben Sie durch, daß wir erst mal getaucht bleiben. Kleine Fahrt, und gehen Sie zurück auf den alten Kurs.«

Immer noch wütend, stapfte ich durch das Schott zum Funkschapp, wo am GHG im Moment der Funkmeister selber saß, ein guter Mann und erfahren. »Was macht unser Schatten?« erkundigte ich mich.

»Hören kann ich ihn nicht mehr. Er muß in der Phase unseres Tauchmanövers gestoppt haben, bei dem es ja alles andere als leise zuging.«

Den genauen Zeitpunkt hatte der Horcher also nicht mitbekommen. »Wo war er zuletzt?«

»Etwa zehn Meilen in eins-sieben-null, grobe Schätzung. Wanderte leicht nach Steuerbord aus.«

Damit war ich genauso schlau wie zuvor. Geklungen hatte unser Schatten nicht unbedingt wie ein U-Boot, jedenfalls nicht wie eines von den uns bekannten Typen. Und der Sachverhalt, daß er nun gestoppt hatte und nicht mehr zu hören war, sprach auch eher dafür, daß es sich doch nur um einen Fischer handelte, der jetzt seine Netze ausbrachte. Wie auch immer ... Die anderen Boote waren jedenfalls vor uns, weil wir uns nach unserem Treffen einfach hinten angehängt hatten. Die Spitze bildete Possehls U 775, gefolgt von Mohrmann, von der Mühlen, Lindner und uns als Schlußlicht. Wenn wir nach einer Stunde wieder auftauchten, würden wir verdammt vorsichtig sein müssen, da auf die Naxos-Geräte kein wirklicher Verlaß mehr war. Demnach waren wir wieder wie in alten Zeiten rein auf unsere scharfen Augen angewiesen, während uns die Russen, dank von den Engländern und Amerikanern gelieferter Technik, selbst bei Nacht und Nebel erfassen konnten. Auch in dieser Hinsicht waren wir die Unterlegenen.

* * *

Ich ließ das Luftzielsehrohr noch ein weiteres Mal kreisen. Der Himmel war frei. »Frage Naxos?«

»Naxos ist sauber!«

Ich seufzte, denn daß kein anderes Radargerät angezeigt wurde, besagte, wie wir nunmehr wußten, unter Umständen nicht sonderlich viel, was eine ziemlich mißliche Situation für uns bedeutete, aber nicht zu ändern war. »Auftauchen!« befahl ich daher. »Und wenn wir oben sind, das Hohentwiel wieder ausfahren.«

Von unten kam die Bestätigung, und die Seewache machte sich bereit. Unter günstigen Bedingungen konnte unser FuMO Flugzeuge bereits in einer Entfernung von über zwanzig Meilen entdecken, zehn bis zwölf waren es bei Schiffen. Der Haken an der Sache war, daß wir nicht ausschließen konnten, daß unsere Gegner über entsprechende Möglichkeiten verfügten, um ihrerseits unser Funkmeßgerät einzupeilen. Mir ging es wie vielen Seeoffizieren, ich traute der ganzen Funkenpusterei in puncto Sicherheit ohnehin nicht so richtig.

»Turmluk ist frei!« verkündete der Leitende. Entschlossen drehte ich das Handrad auf und drückte den Deckel nach oben. Schnell wie ein Karnickel sprang ich aus dem Loch und sah mich um. Zum

Glück war am Himmel nichts zu entdecken, was Grund zur Beunruhigung gegeben hätte.

Hinter mir jumpten die Männer der Wache aus dem Luk und nahmen ihre Posten ein. Allerhöchste Wachsamkeit war angesagt. Mit einem Zischen fuhr der Funkmast aus, und die Antenne setzte sich langsam in Bewegung, doch es würden noch ein paar Minuten vergehen, bis die Röhren Betriebstemperatur erreicht hatten. Es dauerte scheinbar ewig, bis die erlösende Meldung eintraf, die dieser besonders kritischen Situation ein Ende machte: »FuMO zeigt keine Flugzeuge. Ansonsten nur einige kleine Fischerboote.«

Wenig später wechselten wir den Kurs und gingen auf Ost-Nord-Ost. Die etwas mehr als hundertfünfzig Meilen, die noch bis Hanko vor uns lagen, wären ein Katzensprung gewesen, wenn wir an der Oberfläche hätten laufen können. Wenn wir jedoch – und das stand zu erwarten – gezwungen sein würden, einen Großteil der Strecke unter Wasser zurückzulegen, würde daraus eine längere und strapaziösere Prozedur werden.

Ich blieb noch für zwei Stunden auf dem Turm, bevor ich wieder in die Wärme der Röhre zurückkehrte.

Den ersten Alarm bescherte uns überraschenderweise unser Naxos, das die herannahende Maschine anzeigte, noch bevor diese in Reichweite unseres Hohentwiel kam. Wie verabredet tauchten wir alle weg und blieben bei kleiner Fahrt eine Stunde lang unter

Wasser, ehe wir wieder hochkamen. Allerdings zeigten sowohl Naxos als auch Hohentwiel nur wenige Minuten später erneut Flieger an, die sich im direkten Anflug auf unsere Gruppe befanden.

Sofort rasselten wieder die Alarmklingeln im Boot, und wir verschwanden, den Bug steil nach unten gerichtet, im »Keller«. Von der Wassertiefe her gab es in diesem Bereich zum Glück kein Problem.

»Wie viele Bienen sind es denn?« fragte ich den I WO.

»Mindestens drei, Herr Käpten.«

»Danke!« Ich wandte mich zum LI um. »Runter auf sechzig Meter, dann auf zwei Knoten.« Hinter uns knallte es dumpf, doch mehr als ein leichtes Schütteln rief die Explosion der Wasserbombe an unserem Boot nicht hervor. Bewußt fröhlich zitierte ich einen Spruch aus der Mottenkiste: »Nichts getroffen, Schnaps gesoffen!«

Es folgten noch einige weitere Detonationen, aber in noch größerer Entfernung. Dann kehrte wieder Ruhe ein.

»Bleibt es bei den lausigen zwei Knoten?« fragte der LI.

Ich konnte mir ein Lächeln nicht verkneifen. »Die anderen können nicht viel schneller laufen, wenn sie ihre Batterien nicht in ein paar Stunden leergefahren haben wollen.«

»Ich denke, wir tauchen in einer Stunde wieder auf?«

»Wir versuchen es, doch wie lange wir oben bleiben

können, steht auf einem ganz anderen Blatt. Herr Bär, Sie übernehmen. Ich bin dann im Funkschapp!«

»Zu Befehl, Herr Käpten.«

Ich quetschte mich an der Zentralewache vorbei zum Funkschapp. Wie immer, wenn besondere Situationen dies erforderten, hatte der Funkmeister das GHG übernommen.

»Was erzählen die Fische?«

Der Feldwebel nahm sich einen Augenblick Zeit für eine weitere Horchrunde. »Alles ruhig, Herr Käpten. Auch der anhängliche Kerl hinter uns hat demnach erneut gestoppt.«

»Scheint ein vorsichtiger Bursche zu sein.«

»Und ob! Der beherrscht offenkundig sein Handwerk.«

»Wir bleiben jedenfalls noch eine Weile unten, und vielleicht kriegen Sie ihn ja nochmals während dieser Zeit.«

»Jawohl, Herr Käpten.« Er konzentrierte sich wieder auf sein Gerät. »Ich tue mein Bestes.«

»Haben Sie eigentlich mitbekommen, wohin die Iwans ihre Bomben geschmissen haben?«

Der Funkmeister sah überrascht auf. »Achteraus, ziemlich weit achteraus.«

»Eben!«

* * *

Wir kamen nur elend langsam voran, weil die Fliegeralarme nicht abreißen wollten. Wann immer wir die Nase über Wasser streckten, schlug kurz darauf das Naxos an oder, schlimmer noch, die Wache sichtete Flieger, die unverhofft durch die Wolken brachen, ohne daß es vorher eine Warnung gegeben hatte. Blitzschnell wieder zu verschwinden war für uns zur Routineübung geworden. Manchmal fielen Bomben, manchmal nicht.

Wir schnorchelten oft, denn dadurch konnten wir die Diesel trotz Unterwasserfahrt weiter laufen lassen. Nur gut, daß wir in der Ostsee waren, denn im rauhen Atlantik war Schnorcheln eine Tortur. Immer wieder überfluteten dort Wellen den Schnorchelkopf, und das Schwimmerventil schlug zu, woraufhin die Dieselmotoren die Luft aus dem Bootsinneren ansaugten, wodurch beinahe sofort ein Unterdruck entstand, die Abgase strömten ins Boot, bis die Maschinisten die Böcke abgewürgt hatten. Ständige Ohren- und Kopfschmerzen der Besatzung waren die Begleiterscheinungen der Atlantikschnorchelei.

So gesehen, ging es uns hier besser. Der Seegang in der Ostsee war so niedrig, daß die Wellen fast nie über den Schnorchelkopf gingen und unsere Röhre für U-Boot-Verhältnisse stets einigermaßen anständig durchlüftet blieb. Aber wie immer, wenn man tagelang nicht an die Oberfläche kam, hinterließ das trotzdem seine Spuren, Ruhe gab es nur wenig, und die Nerven lagen bloß. Ein falsches Wort, eine dumme Bemerkung konnte dazu führen, daß die Männer aufeinander losgingen.

Risikolos war der Gebrauch des Schnorchels, der

sein mußte, um die Batterien aufzuladen, aber dennoch keinesfalls. Da er aus dem Wasser ragte, konnten er oder die Schaumfahne, die er nachzog, von einem Flugzeug entdeckt werden. Um gegen »himmlische« Überraschungen gefeit zu sein, fuhren wir mit ausgefahrenem Luftzielrohr, an dem ständig ein Mann postiert war, der den Himmel absuchte. Damit hatten wir ein zweites Gerät im Einsatz, das ebenfalls verräterische Spuren erzeugte. Die einzige Möglichkeit, die beiden Schaumschleppen so klein zu halten, wie es nur ging, bestand darin, immer schön langsam zu machen.

Etwas Sorge bereitete mir auch der allgemeine Schiffsverkehr, der hier, weit im Norden, fast wie in den lange zurückliegenden Friedenszeiten verlief. Frachter, Tanker und sogar vereinzelt Fähren befuhren den Tiefwasserweg nach Hanko und weiter nach Tallinn. Schon des längeren hatten deswegen unsere Horcher größte Schwierigkeiten, unseren Beschatter zwischen all diesen Schiffen zuverlässig aufzufassen. Nur noch manchmal erwischten sie seine Diesel mit dem seltsam tackernden Unterton und der relativ hohen Drehzahl für einige wenige Minuten, meist nachts, wenn sich geräuschmäßig etwas weniger tat. Dann stand er immer ein Stück südlich des Tiefwasserweges, in dem mittlerweile üblich gewordenen Abstand von zehn Meilen zu uns. Für mich war es immer noch ein Rätsel, wie er so genau wissen konnte, wo wir steckten. Zweifel daran, daß es sich um ein U-Boot handelte, das uns folgte, waren kaum noch angebracht. Blieb die offene Frage, um was für eines. Soviel stand aber immerhin für mich fest: ein Russe konnte es in keinem Falle sein, da ansonsten die Iwans schon längst über unsere jeweiligen Positionen informiert gewesen wären und uns entsprechend die Hölle hätten heiß machen können. An Gelegenheiten und Zeit, einen diesbezüglichen Funkspruch abzusetzen, hatte es nun wahrlich nicht gefehlt.

Nur, etwas auszurichten gegen diesen lästigen Begleiter vermochten wir auch nicht. Dafür stand er immer grundsätzlich zu weit von uns weg, und höllisch wachsam und stets auf der Hut war er außerdem, wie wir zur Genüge mitbekommen hatten. Der unbekannte Beschatter war einfach zu einer festen Größe geworden, mit der wir leben mußten. Sich den Kopf zu zerbrechen über etwas, das sowieso nicht zu ändern war, brachte nichts. Das war ähnlich den Ausweichkursen, die wir trotz unserer niedrigen Marschgeschwindigkeit noch fahren mußten, wenn sich im allgemeinen Schiffsgetümmel mal wieder ein russischer Verband seinen Weg suchte. Allein unterwegs, so hatte es zumindest den Anschein, waren russische Kriegsschiffe hier nicht. Für uns war dies von Vorteil, denn im ständigen Schlagen der Frachterschrauben einen einzelnen Zerstörer zu entdecken, der mit kleiner Fahrt eine Wachposition einhielt, wäre weitaus schwieriger gewesen.

Wenn es uns vergönnt war, in den Nachtstunden lange genug aufzutauchen, fischten unsere Funker alles aus dem Äther, was sie überhaupt nur kriegen konnten. Das meiste stammte von der U-Boot-Welle und bestand aus Befehlen und Warnungen. Interessant jedoch war auch, was vor allem die englische BBC, die wir hier überraschend gut empfangen konnten, so alles zu melden wußte. Die Berichte des Reichsdeutschen Rundfunks wurden nach Meinung der Funker über die Station auf der Halbinsel Hela ausgestrahlt, wobei es ein Wunder war, daß die überhaupt noch in Betrieb war, denn eigentlich mußten da doch schon längst die Russen sitzen*. Bei uns herrschte ein regelrechter Hunger nach Nachrichten, und wir waren froh über jede Information, die wir bekamen, gleichgültig, ob gut oder schlecht. Berlin war eingekesselt, und der Führer persönlich, so der Rundfunk, leitete den heldenhaften Abwehrkampf gegen die Bolschewisten. Na sollte er mal. Wenn er jetzt noch immer nicht wußte, was die Uhr geschlagen hatte, konnte ihm auch keiner helfen.

In der O-Messe hing eine Karte an der Wand, in die unser Steuermann alles eintrug, was wir erfuhren. Das ergab allerdings nur ein ziemlich unvollständiges Bild der Situation, denn im Rundfunk ließ man natürlich nicht verlauten, wo unsere Einheiten standen oder ob es überhaupt noch welche gab. Wir hatten den Eindruck, als rase die Zeit nur so dahin.

---

* Die Rundfunkstation auf Hela war von den Russen einfach »vergessen« worden. Bis zur Kapitulation sendete der Sender weiter und wiederholte auch Nachrichten, die er aus Deutschland empfangen hatte.

Unser erster Versuch, uns nunmehr weiter nach Osten zu pirschen, wurde durch eine Panne gestoppt, da am Boot von der Mühlens ein Lagerschaden entstanden war. Also mußten wir raus aus dem Tiefwasserweg und uns für zwei Tage auf Grund legen, während die Mechanikergefreiten und -maate auf U 796 die halbe Maschine auseinandernahmen, das Lager ersetzten und danach alles wieder zusammenbauten. Ich konnte mir lebhaft vorstellen, wie die Männer bei der Arbeit fluchten, weil sie in der Enge des Bootes nirgendwo gescheit rankamen.

Als wir wieder auftauchten, erreichte uns eine weitere Meldung, die Anlaß für eine neue Eintragung auf unserer Karte gab. Der Löwe war umgezogen und saß nun in Flensburg-Mürwik. Unwillkürlich mußte ich an das denken, was Kapitän Roloff mir bei unserem vertraulichen Gespräch erzählt hatte. Er hatte angedeutet, wenn Berlin fiele, würde Dönitz die Reichsführung unter Umständen übernehmen. Wenn das eintrat, konnte unser BdU einem fast leidtun, denn speziell die Tommys würden ihn, wenn alles vorbei war, nicht nur dafür büßen lassen, daß sie in den ersten Kriegsjahren Schiff um Schiff durch unsere Wölfe verloren hatten.

Der April näherte sich dem Ende, langsam, aber sicher. Die Großfunkanlagen bei Berlin wurden gesprengt, bei Wilhelmshaven wurden sie von der Roten Armee zerstört. Alles, was wir jetzt reinbekamen, lief über Mittelwelle; eine Wiederholfrequenz, auf der alle Nachrichten nachträglich abgehört werden konnten, gab es nicht mehr. Für uns ging das noch, aber jene Boote, und das waren nicht wenige, die noch tief im Atlantik standen, waren damit auf sich selbst gestellt – ein anderer Kriegsschauplatz zwar und unendlich weit von uns entfernt, doch jeder von uns kannte den einen oder anderen der Männer, die da draußen waren. Ein Grund mehr, sich Sorgen zu machen.

Langsam tasteten wir uns weiter, wobei es manchmal mehr rückwärts als vorwärts ging, und so dauerte es eine Ewigkeit, bis wir dann doch eines Morgens endlich unsere Zielposition erreichten: 59°41'N/23°06'O – Planquadrat AO0265, der Ausgangspunkt für unsere Minenoperation Hanko. Eines nach dem anderen ließen sich unsere Boote auf den sandigen Grund sacken und stellten sich tot. Äußerste Ruhe war geboten, alle unnötigen Geräte wurden abgeschaltet. Mit zu den Ausnahmen zählte Gertrude, unser Unterwassertelefon. Das Ding war empfindlich, funktionierte nur auf kurze Entfernungen, und wenn die Boote in Bewegung waren, dann wurde es so gut wie unmöglich, ein Gespräch zu führen, weil immer eines der Boote außer Reichweite kam und aus dem Hörer nur noch unverständliche Wortfetzen drangen.

Unter den jetzigen Umstände war die Verbindung kein Problem, aber natürlich war nicht auszuschließen, daß ein aufmerksamer russischer Horcher was von unserem Gespräch mitbekam, und dann waren wir aufgeflogen. Dennoch hatte ich keine andere

Wahl, Befehle mußten gegeben, Klarmeldungen eingeholt werden. Die anderen Kommandanten sagten wenig. Es gab auch wenig zu sagen. Vielleicht hatten sie Zweifel gehabt, daß wir es bis hierhin überhaupt schaffen würden, vielleicht hegten sie auch Zweifel daran, ob wir dieses Unternehmen noch fahren sollten. Aber diese Zweifel waren Privatsache und Befehle nicht dazu da, diskutiert zu werden. Trotzdem war ich froh, als das Gespräch vorbei war. Zumal ich mich selbst ja auch mit der Frage rumquälte, ob ich nicht doch alles besser hätte abblasen sollen. Es sah ja nicht so aus, als würde es bei unserer Rückkehr noch jemanden in Deutschland geben, der mich dafür hätte zur Rechenschaft ziehen können.

Doch was würde sein, wenn Churchill seinen Plan, von dem Roloff gesprochen hatte, realisierte und gegen die Kommunisten zu Felde zöge? Als Planspiel mit allen Eventualitäten hatte ich das in meinem Kopf schon x-mal für mich allein durchgespielt, da dies etwas war, was ich unmöglich mit den anderen Kommandanten oder den Offizieren meines Bootes besprechen konnte. Trotz aller Skepsis, ob an der Geschichte wirklich was dran war und die entsprechenden Geheimdienstinformationen auch tatsächlich zuverlässig waren, kam ich am Ende immer wieder auf ein und denselben Punkt zurück: Roloff und der Löwe hätten uns nicht losgeschickt, wenn sie nicht selbst an den Wahrheitsgehalt dieser Informationen geglaubt hätten. Die Antwort auf die daraus resultierende Frage, ob ich nicht durch diese Einstellung mich als Kommandant des Unternehmens aus der Verantwortung stahl, wollte ich mir besser selber nicht geben.

Den ganzen Tag über blieb uns nichts anderes übrig, als untätig zu warten. Die meisten der Männer lagen auf den Kojen, auf den Backen, oder wo sie auch immer einen Platz gefunden hatten. Die Luft wurde immer stickiger, da die Lüfter, die sonst den üblichen U-Boot-Mief halbwegs erträglich machten, nicht liefen. Gespräche waren untersagt, und die Männer konnten nicht einmal einen ordentlichen Skat kloppen, nur herumsitzen oder herumliegen und die dicken Tropfen Kondenswasser anstarren, die an der runden Decke hingen, und darauf warten, daß die herunterfielen.

Als ich endlich den Befehl gab, das Boot vom Grund zu lösen, machte sich allgemeine Erleichterung breit, ungeachtet dessen, was sonst noch auf uns zukommen würde.

* * *

Selbst mit bloßem Ohr war das dumpfe Dröhnen der Schrauben im ganzen Boot zu hören. Oben mußte mächtig was los sein.

»Zahlreiche schnelldrehende Schrauben in drei-drei-fünf. Mittlere Entfernung.«

»Schnellboote?« fragte ich den I WO, der die Meldung aus dem Funkschapp weitergegeben hatte.

»Wahrscheinlich, Herr Käpten!«

»Wie sieht es mit der Wassertiefe aus?«

»Hier herum haben wir überall zweiundzwanzig, dreiundzwanzig Meter«, gab der Steuermann bekannt. »Wenn wir noch weiter rein wollen, dann geht es hoch auf dreizehn, nicht einmal mehr Sehrohrtiefe.«

»Keine Bange, wir sind ja nicht völlig verrückt. Wir wollen schließlich die Ausfahrt verminen, nicht die Pier. GHG, irgendwas zu unseren anderen Booten?«

»Nichts zu hören, Herr Käpten. Zu viel Lärm.«

Eigentlich kein schlechtes Zeichen, denn wenn wir die Kameraden nicht hörten, dann vermochten die Russen das auch nicht. »Dann geben Sie mal an alle Stellen, Anlauf beginnt! Ich werfe mal einen Blick nach oben, vielleicht kann ich Ihnen ein paar gute Peilungen besorgen, Steuermann.«

Die Erleichterung darüber war dem Mann deutlich anzusehen. Wenn man in den Weiten des Atlantiks rumschipperte, dann mochte es auf eine Meile mehr oder weniger nicht ankommen, aber hier, im Flachwasser und beinahe schon in einem feindlichen Hafen, konnten zwanzig, dreißig Meter schon den Unterschied zwischen Überleben und Katastrophe bedeuten. Der Steuermann trat etwas zur Seite, um mir Platz an der Karte zu machen. Schnell überflog ich die Markierungen und prägte mir die Angaben ein. »Dann wollen wir mal!«

Mit einem Zischen fuhr das untere Angriffssehrohr aus dem Schacht, und ich preßte mein Gesicht gegen den Gummiwulst. Schon wurde das Wasser heller, die Welt an der Oberfläche sichtbar. Der Tanker vor uns erschien mir im ersten Moment gigantisch, obwohl es sich tatsächlich nur um ein kleines Schiff von vielleicht dreitausend Tonnen handelte. Steuerbord vor ihm konnte ich die flache Silhouette eines Zerstörers erkennen. Daß die Russen Sicherungsfahrzeuge mitlaufen ließen war ein Indiz dafür, daß sie immer noch mit deutschen U-Booten in der Ostsee rechneten, aus der sie gerade heimkehrten.

Mit einer entschlossenen Bewegung schwenkte ich den Spargel herum, und ein kleiner Leuchtturm rutschte in mein Fadenkreuz. »Gustavsväro in drei-vier-vier!« Und weiter ging's. »Russarö in drei-null-fünf!« Fehlte nur noch eine dritte Peilung. Ich spürte, wie mir der Schweiß von der Stirn lief, obwohl es im Boot saukalt war. Aber das Risiko, daß ein aufmerksamer Seemann da oben unser Sehrohr entdeckte, bestand zu jeder Sekunde. »Gräskär in null-eins-drei!« Ich klappte die Griffe hoch und fuhr das Periskop ein. »Nun, wie sieht es aus?«

Der Steuermann hantierte schnell und routiniert mit Dreieck und Bleistift. »Astrein, wir befinden uns exakt da, wo wir auch sein sollten.«

»Immerhin was«, sagte ich schnodderig, um mir nicht anmerken zu lassen, wie froh ich darüber war, diese »Punktlandung« so hingekriegt zu haben. »Dann folgen wir jetzt einfach mal dem Tanker ein Stück weiter bis zur Kursänderung nach eineinhalb Meilen.«

»Bei dessen Geschwindigkeit bedeutet das eine halbe Stunde, Herr Käpten.«

»Und dann folgen noch mal ganze vier, bis wir am Nest zum Eierlegen sind.« Der Eindruck, den ich meinen Leuten vermitteln wollte, war bewußt der: Solange der Alte noch rumscherzte, kann es so schlimm nicht kommen.

»Die Schnellboote kommen näher!« Bärs Meldung brachte die Gefahr ins Bewußtsein zurück.

»Wie rasch?«

Der Funkmeister streckte den Kopf aus dem Schapp. »Hohe Fahrt, geschätzte dreißig Knoten!«

»Was macht der Tanker vor uns?«

»Läuft stur seinen Kurs.«

Die innere Anspannung fiel wieder von mir ab. Die dreißig Knoten waren zwar eine Menge Holz, aber für die Schnellboote nur ein Klacks. Bei Bedarf konnten sie noch einiges drauflegen, und wenn sie uns entdeckt hätten, würden sie das auch tun.

Die Zeit zur Kursänderung war gekommen. »Nach Backbord auf drei-drei-sieben gehen!« Das war zwar nur minimal, würde uns aber genau in den Tiefwasserweg nach Hanko bringen. Doch Tiefwasser war ein relativer Begriff. Wenn wir diesem Kurs bis zum zivilen Westteil des Hafens folgten, der nach unseren Unterlagen noch unter finnischer Kontrolle stand, würden wir ziemlich bald auftauchen müssen, da eine Fahrrinne mit dreizehn Metern – nach oben wie unten, ganz wie man wollte – für uns zuwenig war. Selbst Mohrmann und von der Mühlen, die noch tiefer in die Bucht rein mußten, würden sich damit schwertun, auch wenn deren kleinere und leichtere Boote nicht ganz so viel Wasser unter dem Kiel brauchten wie wir.

Ein Blick auf die Uhr bestätigte mir, daß wir genau im Zeitplan lagen, um in vier Stunden gleichzeitig mit dem Auslegen der ersten Minen vor dem West- wie Osthafen zu beginnen. Bei letzterem waren in unseren Seekarten Wassertiefen bis zu vierundzwanzig Metern verzeichnet, wobei fast noch wichtiger war, daß es nur zwei Ausfahrten gab. Wenn wir es schafften, da unsere Minensperren auszubringen, würde Hanko auf Monate hinaus für die Russen nicht mehr benutzbar sein. In der ersten Überraschungsphase würde es zu Schiffsunglücken kommen, die dann eine langwierige Minensucherei bedingten. Der ganze verrückte Plan mochte von daher klappen.

Ein hartes metallisches Ping, das mit einem ekelhaft stechenden Ton auf die Bootshülle aufschlug, ließ mich herumfahren.

»Kommt aus zwo-sechs-acht! Nahe!« verkündete der Funkmeister unaufgefordert. »Motorengeräusch! Der hat uns!«

In meinem Kopf rasten die Gedanken. Ich hatte den Burschen nicht gesehen, als ich den Spargel oben hatte. Der Tanker hatte die Sicht auf ihn verstellt; er hatte gestoppt gelegen und den Tanker passieren lassen. Jetzt lief er wieder an … »Hart Steuerbord, Schleichfahrt!« Meine Augen suchten den Steuermann. »Was bleibt uns an Raum, bis das Wasser zu flach wird?«

»Eine Meile, nicht mehr!« Sicherheitshalber warf er nochmals einen Blick auf die Karte. »Halten Sie nach Ost-Nord-Ost, da gibt es ein paar Löcher mit bis zu vierzig Metern Tiefe. Allerdings könnten da aber auch Wracks herumliegen.«

Eigentlich eine naheliegende Vermutung. Bis vor acht Monaten war Hanko noch in deutscher Hand gewesen, und beim Rückzug hatten die Kameraden alles gesprengt, was sie nicht mitnehmen konnten, auch fahruntüchtige Schiffe. Unser U 2532 wurde erneut von einem Radarstrahl getroffen. »Wir müssen es riskieren!«

Im Geiste ging ich meine Alternativen durch. Wenn das Wachboot, und wahrscheinlich war es nicht mehr als ein Wachboot mit einem Ortungsgerät, uns folgte, dann würde es auch einen Alarmruf absetzen. Wie alle U-Boote vom Typ XXI verfügten wir über ein Horizontalecholot, das geeignet war, Ziele an der Oberfläche zu finden. Das Gerät einzusetzen hatte aber den Nachteil, Horchern unsere Position zu verraten, weswegen ich es, außer zu Übungen, noch nie benutzt hatte. Aber in einer Situation, bei der dem Gegner sowieso bekannt war, wo wir steckten, konnte das Ding vielleicht wirklich nützlich sein.

»Die Funker sollen das Echolot anwerfen! Und Leutnant Mertens, Sie koppeln die Kontakte mit, die das GHG hat!«

Der II WO quetschte sich durch die Zentrale. »Jawohl, Herr Käpten!« Im Vorbeigehen angelte er sich Papier, Stift und Winkelmesser vom Kartentisch.

Ein neuerliches scharfes Ping traf unser Boot, und mir kribbelte die Kopfhaut. Wenn der Russe uns tatsächlich schon entdeckt hatte, dann hätte die Folge der Impulse eigentlich schneller werden sollen, weil der Bediener nur noch in dem Winkel zu suchen brauchte, in dem sein Ziel sich befand. Von den Tommys wußte ich, daß sie in solchen Fällen aber oftmals trotzdem weiter den ganzen Kreis absuchten, um den Gegner glauben zu lassen, noch nicht ausgemacht worden zu sein, und schlichen sich dann lieber ein bißchen auf gut Glück an. Blieb die Frage, ob unser Iwan da oben genauso abgebrüht war. Der nächste akustische Treffer, der folgte, hörte sich irgendwie anders an. An den Reaktionen um mich herum merkte ich, daß ich nicht der einzige war, dem der Unterschied aufgefallen war.

»Was war das denn?«

Eine prompte Antwort kam von Mertens, der sich im Rahmen des Funkschapps postiert hatte. »Ein Echo!«

»Der Klang war aber metallisch«, erklärte der Oberleutnant Bär.

Der II WO zeigte sich aber unbeirrt. »Könnte ja vielleicht von einem Wrack stammen.«

»Aber auf meiner Karte ist keines …« Der Steuermann brach ab, als ihm dämmerte, daß in der Hektik des Rückzuges keiner genau aufgezeichnet hatte, was wo versenkt worden war.

»Verdammter Schiet!« entfuhr es mir. »Was eigentlich macht das Echolot?«

»Braucht noch mindestens fünf Minuten, um auf Betriebstemperatur zu kommen.« Leutnant Mertens, der die Gefährlichkeit unserer Situation ebenfalls erkannt hatte, war kreidebleich geworden. Ganz in unserer Nähe mußte irgendwo ein Wrack liegen, das den Ortungsimpuls reflektiert und zu uns umgeleitet hatte. Bei dem Gedanken, daß wir möglicherweise kurz davorstanden, unser Sechzehnhunderttonnenboot in den Schrotthaufen hineinzuschieben, sträubten sich mir die Haare unter der Mütze. »Alles Stop! LI, lassen Sie uns ganz langsam auf Grund sinken! Das müssen wir jetzt aussitzen.« Ich atmete tief durch. »Was sprechen die Fische?«

»Tanker läuft stur vor uns, vier Knoten, entfernt sich! Der andere dreht, peilt jetzt in zwo-sechs-null! Weniger als eine Meile. Vom Motor her jedenfalls nichts Großes, Herr Käpten.«

Meine Vermutung, daß wir es mit einem Wachboot zu tun hatten, war demnach nicht verkehrt gewesen. Nur was es an dieser Stelle zu bewachen gab, blieb rätselhaft.

»Vorn oben zehn! Zellen drei, vier, fünf, sechs entlüften!« Der LI legte dem Heizer an den Ventilen die Hand auf die Schulter. »Langsam, immer sutje!«

Ich spürte, wie sich der Bug etwas nach vorn neigte, da wir immer noch Restfahrt im Boot hatten. Sollten wir jetzt auf das Wrack treffen, würde die Kollision mit einer Geschwindigkeit von etwa zwei Knoten erfolgen. Selbst wenn die Sache für uns glimpflich verlaufen sollte und wir keine größeren Schäden davontragen würden, den Lärm, den der Aufprall verursachte, würde man bis Gott-weiß-wohin hören können. Und wie die Minen in unseren Bugrohren auf so einen Zusammenstoß reagierten, war auch eine Frage, über die ich lieber nicht nachdachte. Erneut traf uns ein Ping, dieses Mal wieder ganz direkt. Ob die Abfolge der Impulse schneller geworden war, ließ sich schwer sagen.

Mit einem leisen Knirschen, das auf einen sandigen Untergrund hindeutete, kam unser Boot zum Stillstand. Das Glück hatte uns also doch noch nicht ganz verlassen. Das Geräusch der Tankerschrauben wurde leiser, entfernte sich. In der Richtung hätten wir relativ einfach entkommen können, nur war es nicht gerade die, in die wir wollten. Schweigen senkte sich über die Zentrale, doch alsbald schon bereitete ein fast zwitscherndes helles Motoren- und Schraubengeräusch, in das sich die Ping-Impulstöne mischten, der Stille ein Ende.

Ich mußte mich zwingen, das Verlangen zu unterdrücken, einen Blick durch das Periskop zu riskieren, um mit eigenen Augen zu sehen, was wirklich da oben vorging.

Wir alle hielten den Atem an, als das Geräusch weiterhin immer näher kam. Durch das Schott sah ich, wie Mertens resigniert das zweite Paar Kopfhörer abnahm. Bei dieser hohen Phonzahl war das GHG taub. Es hörte sich an, als würde das Wachboot uns jeden Moment überlaufen – und dann würden die Wasserbomben kommen, denn aus Daffke sauste der Iwan bestimmt nicht in der Gegend rum. Automatisch suchte jeder nach einem Halt.

Und dann herrschte nur noch schiere Ungläubigkeit. Die erwarteten Wabos fielen nicht, das Wachboot entfernte sich wieder von uns.

Oberleutnant Bär pustete erst einmal tief durch. »Verdammt, war der nahe!«

Verwundert sahen wir uns alle einander an. Keiner vermochte es so richtig zu fassen, daß das russische Wachboot einfach nur so über uns weggerauscht war, ohne von unserer Anwesenheit etwas mitzubekommen. Das konnte es doch gar nicht geben!

Der II WO fing sich als erster wieder. »Schwein muß man eben haben!«

»Mit Schwein hat das nichts zu tun, Herr Mertens. Wenn das Wrack uns hier nicht in die Quere gekommen wäre, hätten wir uns eventuell unbemerkt davonschleichen können und hätten dann dabei Schwein gehabt. Aber so? Der Iwan hat gewußt, daß hier ein Wrack liegt und sein Ortungsgerät logischerweise darauf ansprechen würde.«

»Beschränkte Wahrnehmung nur auf das Erwartete, also.« Mertens konnte nur noch den Kopf schütteln. »Und ich hatte gedacht, als wir stoppen mußten, wir seien jetzt geliefert.«

»So schnell machen wir nicht Feierabend, Verehrtester«, sagte ich betont naßforsch. »Wir warten noch ein paar Minuten, bis »der Kamerad« endgültig wieder weg ist, und machen uns dann erneut auf die Socken.« Meine Augen suchten die große Uhr über dem Kartentisch. »Steuermann, rechnen Sie schon mal die Umdrehungen aus, die wir benötigen, um die verlorene Zeit wieder aufzuholen. Oberleutnant Bär, Sie übernehmen hier die Zentrale, während ich versuche, mich in meinem Kabuff schlau zu machen. Vielleicht beinhaltet ja das Konvolut der Anlagen zu unseren Befehlen noch irgendeine Erleuchtung!«

Mit wenigen Schritten gelangte ich zu meiner Kommandantenkammer und zog den Vorhang hinter mir zu. Das stählerne Schließfach aufzubekommen, wenn einem die Finger noch immer zittern, war gar nicht so einfach, und beinahe hätte ich den kleinen Schlüssel fallen lassen. *Wracks!* Ich hätte mich am liebsten in den Hintern gebissen, daß ich daran nicht schon viel früher gedacht hatte. Als ich endlich den braunen Umschlag in den Händen hielt, widmete ich mich nur den beigefügten Zusatzinformationen zu den Befehlen. Unsere Heereskräfte hatten sich von den letzten Inseln vor Hanko erst im vergangenen September zurückgezogen. Der letzte Widerstand gegen die Finnen, die den Frieden mit den Russen damit honoriert hatten, daß sie sich gegen ihre ehemaligen Verbündeten – uns – gewandt hatten, war damit nichtig geworden. Alle anderen deutschen Truppen hatten viel weiter nördlich oben in Lappland gekämpft. Moment! Wie war das gleich noch mal gewesen? Unsere Leute hatten nicht in Hanko direkt gesessen, als sie eingekesselt wurden, sondern auf den vorgelagerten Inseln in deren Festungsruinen. Auf den Inseln! Das war es!

Ich stürmte geradezu in der Zentrale zurück und hin zum Kartentisch. Russarö, Rysso und Andalskär. Drei Inseln, von denen ich die ersten beiden gleich abhaken konnte, weil sie zu weit vom Festland und den beiden Hafenteilen, die von den Finnen pragmatisch einfach als West- beziehungsweise Osthafen tituliert wurden, entfernt lagen. Und Andalskär war immerhin auch noch anderthalb Meilen vom Festland entfernt.

»Stimmt etwas nicht, Herr Käpten?« Der I WO schob sich neben mich.

»Es sind die Wracks, Herr Bär, die uns hätten stutzig machen müssen! Verstehen Sie?«

»Was ist mit denen, Herr Käpten? Ich kapiere im Moment nur Bahnhof.«

Ich zwang mich zur Ruhe. »Woher stammen die Dinger denn Ihrer Meinung nach?« Ich tippte auf die Karte. »Wir liegen momentan ziemlich genau am Rande des Tiefwasserweges.«

Der I WO legte nachdenklich die Stirn in Falten, hatte aber keine Antwort zu bieten.

»Und damit«, fuhr ich fort, »kommen wir zu der nächsten spannenden Frage. Stand unseren Leuten, als sie im letzten Jahr von den Inseln abgeborgen wurden, überhaupt noch Schiffsmaterial zur Verfügung, das zu Blockadezwecken getaugt hätte?«

»Aber die Russen würden ja wohl kaum auf die

Idee verfallen, die Zufahrt zu ihrer eigenen Basis derart zu verengen, es sei denn ...« Er sah mich entgeistert an. »Au Backe!«

Damit hatte er den Nagel genau auf den Kopf getroffen, denn es stand zu erwarten, daß die Russen noch ganz andere Abwehrmaßnahmen gegen U-Boote getroffen hatten. Netze, eigene Minensperren, Wachboote, wie jenes, dem wir bereits begegnet waren. Und da ein solcher Minenangriff, wie wir ihn gerade fuhren, alles andere als strategisch naheliegend war, stellte sich mir eine weitere ganz dringende Frage: Was – oder vielleicht besser wer – hatte die Iwans auf diesen Trichter gebracht?

Der I WO, der über meine Hintergrundinformationen natürlich nicht verfügte, begriff in diesen Sekunden nur die eine Tatsache: »Die Iwans wußten, daß wir kommen!« fauchte er wütend. »Wir müssen verdammt noch mal zusehen, daß wir hier schleunigst wieder rauskommen.«

Ich schüttelte bedauernd den Kopf und deutete zur Uhr. »Zu spät! Die Boote unserer Kameraden sind schon drinnen, und die haben keine Ahnung, daß sie ins offene Messer laufen. Vier Stunden bleiben uns allen an Zeit«

»Sie wollen trotzdem rein und weitermachen?«

»Von wollen kann nicht die Rede sein, aber eine andere Wahl haben wir dennoch nicht! LI, lösen Sie uns vom Grund! Kleine Fahrt und hinter dem Wachboot her. GHG, haben Sie noch Kontakt und läuft dessen Ortungsgerät noch?« Mit grimmiger Zufriedenheit beobachtete ich, wie wieder Leben in die Männer kam. Natürlich hatten alle in der Zentrale jedes Wort meines Gespräches mit Bär mit gespitzten Ohren mitverfolgt, und dessen Inhalt würde in ein paar Minuten die Runde durch das ganze Boot gemacht haben, da kannte ich meine Piepels gut genug. Wir fuhren rein, nicht mehr, um irgendeinen verdammten Russkihafen zu verminen, der jetzt, so kurz vor Kriegsende, sowieso keinen meiner Männer mehr kratzte, sondern wir taten dies, um unsere Kameraden rauszuhauen. Das war etwas, das sie verstanden, das sie nachvollziehen konnten. Sogar an Bärs Gesicht war abzulesen, wie das ursprüngliche Entsetzen einer wilden Entschlossenheit Platz machte. »Wenn Sie die Zentrale wieder übernehmen, Herr Käpten, gehe ich nach vorn und vergewissere mich, daß alles festgezurrt ist.«

»Abtreten! Kommandant fährt weiter. II WO, was hat ihre Koppelei ergeben?«

Leutnant Mertens blickte auf seine Notierungen. »Der Tanker läuft in Richtung Westhafen, seine Zerstörersicherung hält sich immer schön dicht bei ihm, warum wissen wir ja mittlerweile.«

»Sonst noch was?«

»Die dämlichen Schnellboote flitzen hin und her wie von der Tarantel gestochen, wobei ein Bewegungsmuster nicht zu erkennen ist. Im Westhafen liegt offenbar was Größeres, das aber nur die Hilfsaggregate in Betrieb hat. Weitere Schiffe haben dort auch noch die Motoren laufen, aber bisher hat

offenbar noch keines von denen die Nase rausge-
streckt.«

»Dann also mal los!«

* * *

Über uns dröhnten immer noch Schrauben, und
unser aller Nerven waren zum Zerreißen gespannt.
Von achtern kam ein weiterer Verband auf, Kriegsschiffe, die möglicherweise von Königsberg zurück-
kehrten. Unser Horcher hatte mindestens zwei Zerstörer und einen Frachter oder Tanker ausgemacht.
Wichtig war nur, daß sie genau von achtern aufkam-
en, weil sie dem Tiefwasserweg folgten, wobei die
Russen eine höhere Fahrt liefen als wir. Ich überlegte kurz, ob wir an Geschwindigkeit zulegen sollten, aber das hätte uns nur wieder näher an das
Wachboot herangebracht, das immer noch vor uns
hertuckerte. Der Bursche hatte von seinem Glück
keine Ahnung, und nach achtern war er taub wie
ein Holzklotz.

Mißmutig zuckte ich mit den Schultern. »Steuerbord fünf, LI, gehen Sie runter auf einen Knoten.«
Jetzt krochen wir wirklich nur noch über den Grund,
doch wir mußten nun mal unseren Abstand zu dem
Wachboot vergrößern, um uns aus seinem Kielwasser
schleichen zu können.

Die Minuten verstrichen, und ganz langsam wanderte die Horchpeilung nach Backbord aus, was aber
in Wirklichkeit mit unserer Eigenbewegung zusam-

menhing. »Stützruder!« Ich kontrollierte nochmals den Kompaß. »Steuern Sie null-eins-fünf!«

»Null-eins-fünf! Jawohl, Herr Käpten!«

In der Zentrale machte sich wieder Schweigen breit. Nach und nach entfernte sich das Wachboot, und der Verband achteraus kam näher, aber nicht mehr direkt aus Lage hundertachtzig. Im Schneckentempo verließen wir den Kurs der suchenden Zerstörer. Mit etwas Glück würden wir ein paar hundert Meter Abstand haben, was für meinen Geschmack entschieden zuwenig war, aber so eng ging es nun einmal in diesem Wasser zu.

Wir schoben uns mittlerweile auch immer näher an die Position heran, die wir ursprünglich vorgesehen hatten, um mit dem Ausbringen unserer Minensperre zu beginnen. Doch von diesem Teil des Plans hatte ich mich schon längst verabschiedet, denn wegen des zweiten Verbandes konnten wir nicht zurück in den Tiefwasserweg. Außerdem mußten ja in dieser Gegend auch noch Lindner und Possehl unterwegs sein. Wenn es wenigstens gelang, zwei von den vier Booten, die wir suchten, zu finden, dann wäre das ja immerhin schon mal ein Anfang.

»GHG, was erzählen die Fische? Irgend etwas von unseren Kameraden ...« Mir blieb die Frage im Halse stecken, denn vom Bug her war plötzlich ein metallisches Schaben zu vernehmen, und dann rumpelte es kurz. Mir schwante sofort, was die Ursache dafür war, und ich spürte, wie mir der Schweiß ausbrach. »Maschine stop, langsame Fahrt rückwärts.«

Aber noch bevor der LI umkuppeln lassen konnte, kratzte es schon wieder, Stahlkabel, die an unserer Röhre entlangschrammten. Das schabende Geräusch wanderte weiter nach achtern. Ich hielt den Atem an, denn am Turm gab es etliche Möglichkeiten – Vorsprünge und Unebenheiten –, an denen ein Kabel sich verhaken konnte. Und wenn nicht dort, dann kamen ja auch noch die Tiefenruder, die scharf vom Rumpf wegstanden. Von dem Moment an, wenn das Kabel einen festen Halt an unserem Boot fand, würde unsere Vorwärtsbewegung den Rest erledigen und die Mine am oberen Ende des Kabels an unseren Rumpf ziehen. Deren Hörner würden mehrmals Kontakt mit unserer Bootshülle bekommen und, sobald eines brach, die Mine zünden, deren Explosion unsere Röhre aufriß wie eine alte Konservendose, in der die hereinbrechende See uns ersäufen konnte.

Endlich begannen die Schrauben rückwärts zu drehen, die Kratzlaute verhielten hinter der Zentrale und bewegten sich langsam wieder vorwärts in Richtung Bug, als wir Fahrt über das Achterschiff aufnahmen. Doch statt der hinteren mußte das Kabel nun die vorderen Tiefenruder passieren und durfte sich dabei nicht festhaken. »Alle Mann achteraus und Schotten schließen.«

Ich hörte, wie der Befehl weitergegeben wurde. Die ersten Männer durchquerten im Eilschritt die Zentrale, um nach achtern zu gelangen, während vorne bereits ein Schott zuschlug.

U 2532 bestand aus drei Abteilungen, aber wenn

wir auch nur eine verloren, dann sackte das Boot unweigerlich auf den Grund. Daran hatte sich gegenüber den älteren Typen nichts verändert. Bei Fahrten im Atlantik ließ man daher die Schotten ungeniert offen, denn im Falle eines Falles hätte das Gegenteil auch nichts mehr genutzt. Doch wir waren in der Ostsee, und wenn wir im Flachwasser absoffen, gab es für ein paar immer noch die Chance auszusteigen.

Der Spuk der furchteinflößenden Geräusche endete genauso plötzlich, wie er begonnen hatte. Ich atmete durch. »Maschine Stop! LI, Sehrohrtiefe, aber ohne daß wir uns groß bewegen!«

»Wird nicht ganz einfach, Herr Käpten!« ließ mich der Leitende etwas säuerlich wissen.

»Tun Sie einfach Ihr Bestes.«

Mahnke murmelte etwas Unverständliches und schob den Heizer am Christbaum einfach zur Seite. »Dann wollen wir mal!« Zischend schoß etwas Preßluft in die Zellen, der Leitende wirbelte ein paar andere Handräder herum, und komprimierte Luft entwich ins Boot.

Ich ahnte mehr, als daß ich es spürte, wie U 2532 stieg. Aber irgendwie hatte ich den Eindruck, daß mehr Luft aus den Zellen strömte, als er hineingeblasen hatte. Die Mysterien der Tauchphysik waren manchmal schon wundersam.

»Soll es das Angriffssehrohr sein?« fragte Mahnke, obwohl er die Hand bereits am Schalter hatte.

»Ich bitte darum!« Was hatte der Mann vor? Wie

allgemein bekannt, war es nahezu unmöglich, ein Boot nur mit den Zellen zu kontrollieren. Deswegen verließen wir uns ja auf unsere Tiefenruder, wenn wir die Tiefe wechselten.

Als das Sehrohr aus dem Schacht fuhr, sackte das Boot kurzfristig ab. Mahnke presste das Gesicht kurz gegen den Gummiwulst und ließ das Teil dann noch ein Stückchen weiter ausfahren.

Ich schielte auf den Papenberg, der nur kurz bei der Abwärtsbewegung gezuckt hatte und ruhig stand.

»Wenn Sie möchten, Herr Käpten!« Mit einer einladenden Handbewegung bot der LI mir an, seinen Platz nun zu übernehmen. »Das Ding steht aber etwas weit raus.«

»Und was passiert, wenn ich den Spargel wieder ein wenig zurücknehme?«

Der Oberleutnant grinste. »Dann geht's mit uns abwärts.«

Ich nahm die übliche Position am Periskop ein. Meine Augen brauchten einen Augenblick, um sich an die Dunkelheit zu gewöhnen, die oben bereits herrschte. Daß die Leuchtfeuer noch brannten und weder in der Stadt, ja nicht einmal auf dem Stützpunkt die Lampen aus waren, bot keine Überraschung für mich. Wozu Verdunkelung, wenn es keine gegnerische Luftwaffe mehr gab, die das hätte nutzen können?

Nach einem schnellen Rundblick nahm ich ein paar Peilungen, die ich dem Steuermann zuraunte. »Andalskär peilt in drei-vier-fünf ...«

Der Steuermann trug die Angaben in seine Karte ein. »Nichts als flaches Wasser nördlich von uns, Herr Käpten.«

Also auch das noch! »Ermitteln Sie uns einen Kurs zurück zum Hauptfahrweg und dann parallel dazu nach Norden.«

»Jawohl!«

Ich schwenkte das Sehrohr, und der zweite Verband wanderte in mein Blickfeld. Ein Zerstörer lief Steuerbord voraus, einer Backbord achteraus, und in der Mitte bewegte sich ein Tanker, nicht wesentlich größer als jener, dem wir zuvor gefolgt waren. Die Formation kannten wir von unserem Horchgerät her. Ich ließ das Periskop zurück in den Schacht gleiten und sah nachdenklich auf die Uhr. Wir waren eindeutig zu langsam und verloren dadurch zu viel Zeit. Nur noch etwas mehr als eine Stunde blieb uns bis Mitternacht. Und wir steckten hier in einem Minenfeld – oder hoffentlich nur an dessen Rand. Aber nicht einmal das wußten wir genau. »Kleine Fahrt rückwärts, wir versuchen erst mal weg- und dann zurück zum Tiefwasserweg zu kommen.«

Dem Steuermann und dem LI blieb es überlassen, die Befehle umzusetzen. Oberleutnant Bär nahm die Mütze ab, wischte sich den Schweiß von der Stirn und sah mich etwas gequält an. Klar ging uns allen die Situation an die Nieren, aber da das nun mal nicht zu ändern war, bestand meine Reaktion nur in einem gleichgültigen Schulterzucken. Erneut krebsten wir mit kleinster Fahrt durch die Bucht, und wieder verrannen wertvolle Minuten, meine Unruhe wuchs. Ich hatte nach wie vor keine Ahnung, wo unsere anderen Boote steckten. Wenn das hier tatsächlich eine vorbereitete U-Boot-Falle war, warum schnappte sie, verdammt noch mal, jetzt nicht zu? Die Minen waren ja wohl auch gezielt ausgebracht worden.

Mein Nachdenken über diese Frage erübrigte sich. Ein dumpfes fernes Grollen rollte durchs Wasser. Einen von uns hatten die Iwans am Kanthaken.

Da wir sowieso auf Sehrohrtiefe liefen, fuhr ich unverzüglich das Periskop aus. Relativ weit weg von uns schlugen Flammen in den nächtlichen Himmel, und die Ostsee schien zu brennen. Eine Leuchtgranate stieg auf und tauchte, an ihrem Fallschirm hängend, die halbe Bucht in ein unwirkliches Licht. Silbrig glänzten die schäumenden Bugwellen der Zerstörer; eine gewaltige Tankerfackel brach in die Höhe, welche die wild herumkreisenden Kriegsschiffe auf Zwergengröße schrumpfen ließ, die nun in einer Dwarslinie Richtung Bucht drehten.

Die Leuchtgranate erlosch, doch der ferne Feuerschein blieb. Erneute Detonationen rollten durch die See, die uns nur zu bekannt waren. Dieses spezielle Geräusch kannten wir, es begleitete uns seit fünfeinhalb Jahren, auf See in unseren Booten, an Land in unseren nächtlichen Alpträumen: Wasserbomben! Deutlich konnten wir akustisch die schweren einzelnen Koffer, die faßförmigen Ladungen, die einfach über das Deck gerollt wurden, von den kleineren

Wabos unterscheiden, die von Mehrfachwerfern in Teppichform losgeschickt wurden. In dieser Hinsicht gingen die Russen kein Risiko ein. Sie hatten ein U-Boot in flachem Wasser gestellt, und wer immer der Kommandant war, er hatte keine Chance mehr – überhaupt noch aufzutauchen und sich zu ergeben.

Ich merkte, wie meine Hände an den Griffen des Spargels feucht wurden. Das Donnern weiterer Wasserbomben steigerte sich zu einem nicht enden wollenden Crescendo, das direkt aus der Hölle zu stammen schien. Die Russen bombten das Boot, das ihnen in die Fänge geraten war, geradezu systematisch in Fetzen.

Mir war gerade so, als könne ich in Anbetracht dieser Verbissenheit deren Hass auf uns spüren, die wir damit nur noch zu viert waren.

Ich hatte einen bitteren Geschmack im Mund, als ich das Periskop wieder zurück in seinen Schacht gleiten ließ. Entweder war die Falle nur unvollkommen aufgestellt worden, oder jemand hatte vielleicht sogar vergessen, die Iwans zu informieren, daß mehr als ein Boot das Unternehmen ausführen würde. »GHG, achten Sie auf die Zerstörer!« Hier konnten wir nichts mehr ausrichten, da wir unsere Schwesterboote einfach nicht mehr fanden. Die Entscheidung, die ich traf, fiel mir nicht leicht. »Zwei WO, hängen Sie sich an die Gertrude! Vielleicht ist ja einer der Kameraden in unserer Nähe!«

Der Leutnant zögerte kurz, dann nickte er. »Jawohl, Herr Käpten!«

Ich wußte, was er dachte. Wenn die Horchgeräte der Zerstörer uns erwischten, dann würden wir in kürzester Zeit genauso enden wie eben unser anderes Boot. Aber ich brachte es nicht über mich, U 2532 einfach zu wenden, ohne diesen letzten Versuch gemacht zu haben.

* * *

»Käpten«, rief Mertens mir aufgeregt zu, »ich hab U 796 dran!«

Das war von der Mühlens Boot! »Wo ist er?«

»Liegt auf Grund, die Verständigung ist allerdings mau.« Der Leutnant hielt den Hörer hoch. »Sie sollten besser selbst mit dem Kommandanten sprechen.«

Mit ein, zwei schnellen Schritten war ich auf der anderen Seite der Zentrale und nahm den Hörer entgegen. »Thomsen! Was ist bei Ihnen los?«

Von der Mühlens Stimme klang erstaunlich gelassen. »Wir haben irgend etwas gerammt und liegen auf Grund. Beide Tiefenruder an Steuerbord sind im Eimer, und wir haben ziemlich viel Wasser im Boot.«

»Wollen Sie aussteigen?«

Der Kommandant von U 796 sprach weiter, als habe er die Frage nicht gehört. »Wir liegen nicht tief, wenn wir die Zellen anblasen, kommen wir hoch, ohne gleich wie ein Delphin aus dem Wasser zu springen. Dann die Diesel an und raus hier.«

»Das ist Wahnsinn, von der Mühlen! Ganz in Ihrer Nähe sind drei Zerstörer, die bereits Blut geleckt haben.«

Es klang, als würde der Kaleu trocken lachen. »Wir haben abgestimmt, was aber unnötig war, denn keiner von uns will sich von den Russen auffischen lassen, um danach für fünfundzwanzig Jahre nach Sibirien zu wandern. Dann setzen wir schon lieber alles auf eine Karte.«

Mir lief ein eiskalter Schauer über den Rücken, denn die Zerstörer würden ihn keine halbe Meile weit kommen lassen! »Geben Sie mir ein paar Minuten, um mich in Position zu setzen! Vielleicht kann ich einen der Kerle abtakeln!«

Für ein paar Sekunden hörte ich nur ein unheimliches Gluckern und Echos von weit entfernten Geräuschen, bevor ich wieder von der Mühlen vernahm. »Das wollen Sie wirklich riskieren? An der Stelle hier geht's verdammt eng zu, Herr Thomsen!«

Den letzten Hinweis hätte er sich schenken können. Klar, auch zu zweit standen unsere Chancen schlecht, aber einen Versuch war das Ganze wert, zumal die Worte von den fünfundzwanzig Jahren Kriegsgefangenschaft in Sibirien immer noch nachhallten. »Wie viel Zeit hab ich?«

»Zehn Minuten!« erklärte von der Mühlen lapidar. »Wir machen immer noch Wasser, das Boot wird sonst zu schwer.«

Ich mußte mich räuspern. »Zehn Minuten! Und viel Glück!«

»Danke ... Arne!« sagte der Kommandant von

U 796 noch und schaltete Gertrude einfach ab. Wir hatten sowieso länger miteinander gesprochen, als unter den gegebenen Umständen vernünftig war.

Erst im nachhinein fiel mir auf, daß er mich geduzt hatte, von der Mühlen, der alte Kommißkopp. Wir kannten uns zwar schon seit Kriegsbeginn, aber wirklich nahe waren wir uns in all den Jahren nie gekommen.

»Rohre eins und zwei fluten!« Ich war bereits wieder unterwegs zu unserem Angriffssehrohr, das ich unverzüglich ausfuhr. »Halbe Fahrt voraus!«

Das Summen der Elektromotoren wurde stärker. Halbe Fahrt, das bedeutete für uns über acht Knoten, mehr als die meisten U-Boote bei AK unter Wasser schafften. Es wurde Zeit, daß unser Boot zeigte, was es konnte.

Ich kontrollierte nur kurz die Peilungen, denn alles außer den Silhouetten der Zerstörer wurde unwichtig. In einem weiten Bogen schwangen zwei der Burschen herum und liefen beinahe zurück zu dem brennenden Tanker.

Ich stutzte, denn eigentlich hätten es drei sein müssen! Ich schwenkte das Periskop, doch von dem dritten war keine Spur zu entdecken. Irgendwo weiter innen in der Bucht kam es zu einer erneuten Explosion, wobei für mich nicht auszumachen war, worum es sich dabei handelte. Nach wie vor ballerten die Russen fleißig Leuchtspurgeschosse in den Himmel, die dann an ihren Fallschirmen wieder auf Ziele herabschwebten, die ich durch mein Periskop nicht sehen konnte. Ein grandioser Feuerzauber, der da veranstaltet wurde, der mit einem romantischen Sternenhimmel über der See nichts gemein hatte. Durch den Feuerschein der Brände auf dem sterbenden Tanker sahen die russischen Zerstörer in meinem Blickfeld halbiert aus, die Aufbauten durch die Flammen grell beleuchtet, während die flachen Rümpfe im Schatten lagen.

»Backbord fünfzehn!«

Das Boot legte sich nur leicht in die Wendung, da es bloß ein paar Grad waren, die ich benötigte, um in einen günstigeren Schußwinkel zu kommen. Wie von unsichtbaren Fäden gezogen, strebten U 2532 und die Zerstörer auf den gleichen unsichtbaren Punkt mitten im schwarzen Wasser von Hanko zu. »Stützruder!« befahl ich und wartete ab, bis die Drehung zum Stillstand kam. »Recht so!«

Zum wiederholten Male schätzte ich die Entfernungen ab. Die verbliebene Zeitspanne bis zum Auftauchen von U 796 würde nicht reichen, um nahe genug heranzukommen, was Weitschüsse bedeutete, die selbst mit den Zaunkönigen* immer ein bißchen auch Glückssache waren.

Im Boot war es still geworden, nur draußen donnerten immer noch vereinzelt Explosionen, wohingegen hier im Inneren das Summen der E-Motoren allgegenwärtig war. Es handelte sich dabei nur um

---

* Zaunkönig: Akustisch zielsuchender Torpedo.

ein schwaches Geräusch, und der Verstand sagte mir, daß wir in Anbetracht der sonstigen Lärmquellen um uns herum nicht zu hören waren, aber trotzdem erschien es mir vom Gefühl her unendlich laut zu sein. Gegenwärtig in uns allen war die Angst, wir könnten nochmals Kontakt mit einer Mine bekommen oder mit einem der von den Russen versenkten Schiffe kollidieren. Gott sei Dank blieb blieb uns beides erspart.

Pünktlich auf die Minute begann das Wasser steuerbord voraus zu blubbern, große Blasenschwälle stiegen auf, als sei ein Meeresungeheuer im Begriff aufzutauchen. U 796 kehrte an die Oberfläche zurück. Der Bug hob sich hoch aus dem dunklen Wasser, und ich konnte erkennen, daß von der Mühlens Netzabweiser weg war, und auch eines der vorderen Tiefenruder schien zu fehlen. Dann klatschte der Bug zurück ins Wasser und ließ beidseitig riesige Fontänen aufsteigen. Um das Heck schien es nicht gut bestellt zu sein. Das Achterschiff hing tief im Wasser, als habe es die Trimmzellen erwischt oder das Wasser sammle sich schon in der E-Raum-Bilge. Der Turm hatte Schiefneigung, aber wenigstens erschienen hinter der Brüstung bereits die ersten Köpfe.

Für einen Augenblick schien es, als hielte in der Bucht der Krieg den Atem an. Nicht einmal ein neues Leuchtspurgeschoß zog seine Himmelsbahn.

Das havarierte Boot nahm Fahrt auf. Der Spargel fuhr in die Höhe, und mit einem Ruck entfaltete sich die Kriegsflagge! Der Abstand war zu groß, um den

Kommandanten auf dem Turm auszumachen, aber ich wußte, daß Kapitänleutnant von der Mühlen natürlich dort sein würde, um die letzte Überführungsfahrt seines eisernen Sarges zu leiten, auf den die Russen nun gnadenlos Jagd machen würden.

Ich hätte schreien können vor Wut, daß mir nur zwei Torpedos zur Verfügung standen.

»Rohr eins und zwei geflutet!«

Ich riß mich zusammen. Wenn es nur zwei Aale gab, dann waren es eben nur zwei – und ich mußte das Beste daraus machen, damit von der Mühlen überhaupt eine Chance hatte. »Gegner Bug rechts, achtundzwanzig Knoten, Abstand viertausend!« Ich erfaßte den zweiten Zerstörer. »Zweites Ziel: Gegner Bug rechts, achtundzwanzig Knoten, Abstand dreitausendachthundert!« Ganz links in meinem Blickfeld erschien der dritte Zerstörer, für den ich keinen Aal mehr übrig hatte. »Rohr eins … looos!«

Fast zeitgleich spürte ich den vertrauten Ruck unter meinen Füßen. »Rohr zwei … looos!«

»Aale laufen, Herr Käpten!«

Eigentlich hätte ich nun das Angriffssehrohr nicht mehr länger oben lassen dürfen, aber ich ging davon aus, daß der Gegner sich im Moment nur auf U 796 konzentrieren würde.

Von der dunklen Silhouette des Führungszerstörers aus stieß eine Flammenzunge in die Nacht und riß das Schiff grell und hart aus der Finsternis. Für Sekundenbruchteile konnte ich eine relativ moderne langgestreckte Brücke sowie eine erhöhte Back erkennen, was auf die Novik-Klasse hindeutete. Allerdings war ich, was die russischen Typen anging, nicht ganz sicher, nicht hundertprozentig firm.

Auch sein zweites Geschütz begann nun Feuer zu speien, und hinter ihm fing nun der zweite Zerstörer ebenfalls an, seine Rohre donnern zu lassen.

Um U 796 sprangen die Wassersäulen der Einschläge in die Höhe, doch die lagen, um Schaden anrichten zu können, zu weit weg vom Boot. Die Russen hatten sich verschätzt und mußten nun erst einmal zurücknehmen. Das brachte wertvolle Sekunden, die von der Mühlen nutzen konnte! Wasser quoll am Heck von U 796 auf, als der Kaleu sein altes Boot auf dem Teller herumschwenken ließ. Hartruder und Backsen bei voller Fahrt. Von der Mühlen riskierte alles, denn bei dem brutalen Manöver konnten die ungeheuren Kräfte, die dabei wirkten, leicht eine Schraube wegreißen. Aber verglichen mit dem, was die Iwans mit ihm vorhatten, wäre das noch relativ harmlos gewesen.

»Hart Backbord, beide E-Maschinen AK!« Auch wir mußten schließlich raus aus dieser Bucht, obwohl ich immer noch von dem dramatischen Geschehen, dessen Augenzeuge am Sehrohr ich war, gebannt wurde. Von dem flammenden Wrack breitete sich brennendes Öl aus. Ein Rudel Schnellboote an dem Scheiterhaufen des Schiffes vorbei, und ein regelrechter Platzregen aus Leuchtspurmunition ging über dem waidwunden U 796 nieder. Von der Mühlen war geliefert, ich hatte meine Aale entweder zu spät losgemacht, oder sie hatten bei der Distanz ihr Ziel nicht gefunden!

Doch am Bug des zweiten Zerstörers stieg plötzlich eine von mir schon fast nicht mehr für möglich gehaltene Treffersäule auf und fiel dann wieder in sich zusammen. Der Russe schien zunächst keine Wirkung zu zeigen, doch das täuschte. Kurz darauf war mit bloßem Ohr das Krachen und Kreischen zu hören, mit dem sein gesamtes Vorschiff wegbrach. Über die Optik des Periskops konnte ich mitverfolgen, wie sich das Heck des Schiffes aus dem Wasser hob und der Zerstörer, oder was davon noch übrig war, durch das Bewegungsmoment seiner eigenen Geschwindigkeit immer weiter unter Wasser gedrückt wurde, während sich das Heck immer steiler aufrichtete. Der war erledigt, so grausam die Feststellung auch sein mochte.

Ein Blitz zuckte mittschiffs am Führungszerstörer auf, und dann stieg auch schon die verräterische Treffersäule genau hinter der Brücke auf. Ein verdammter Glückstreffer! Ich schluckte, zwei waren damit aus dem Weg geräumt, aber was würde der dritte tun, weiter hinter von der Mühlen herjagen oder versuchen, Überlebende zu retten? Die Geschütze des letzten Zerstörers feuerten beinahe gleichzeitig und lieferten mir die Antwort.

Ich starrte hinüber zu 796, das sich im Fadenkreuz des Periskops hilflos, wie im Netz einer Spinne gefangen, ausnahm. Wild zackend versuchte von der Mühlen immer noch zu entkommen, beharkt von den

Granaten des dritten und letzten russischen Zerstörers.

Weiter und immer weiter kam U 796 herum, wie ein angeschlagener Boxer, der nochmals die zweite Luft bekam. Das Achterschiff war nahezu unter Wasser verschwunden, während der Bug unnatürlich hoch aufragte. Der Maschinenraum mußte bereits halb vollgelaufen sein. *Laß die Männer aussteigen!* Ich wußte nicht, ob ich es nur gedacht oder am Ende gar laut ausgerufen hatte, aber das war egal, denn selbst wenn von der Mühlen mich, was natürlich unmöglich war, hätte hören können, es hätte nichts gebracht. Er und seine Leute hatten ihre Entscheidung, unter gar keinen Umständen den Russen in die Hände fallen zu wollen, nun mal getroffen und hielten mit eiserner Konsequenz daran fest.

Der Turm von U 796 schwankte, als weitere Granaten in der Nähe der Röhre ins Wasser einschlugen, während Leuchtspurmunition ein irrsinniges Muster sich kreuzender Linien über dem Boot zeichnete, das nicht mehr viel länger würde überleben können.

Der Reigen der Explosionen setzte sich weiter fort, bis sich auf einmal Detonationen in den Geräuschteppich mischten, die anders klangen, flacher, schärfer. Dabei konnte es sich nur um Minen handeln. Doch daß die Russen in ihre eigenen Minen liefen, die sie selbst ausgebracht hatten und von denen sie genau wußten, wo sie lagen, war völlig unwahrscheinlich. Unter meiner Mütze sträubten sich mir die Haare, als ich den Gedankengang zu Ende brachte. Die Höllenbiester konnten nur von einem unserer Boote stammen, das seine Minen noch nicht komplett ausgestoßen hatte und jetzt seinen Rückzug mit einer improvisierten Kette abdeckte. Schlau gedacht, gut gemacht, und welches russische Schiff auch immer an seine Teufelseier geraten sein mochte – es hatte Pech gehabt.

Im Krebsgang bewegte ich mich um den Sehrohrschacht herum, versuchte herauszufinden, was wo hochging. Die Bucht glich immer mehr einem flammenden Inferno. Der Tanker war gekentert und sackte nun ab, aber noch immer sprudelte Öl aus seinen geborstenen Tanks. Ein neuer Lichtblitz zuckte, und eines der Schnellboote, offensichtlich britische Modelle, die von den Tommys den Russen überlassen worden waren, verschwand in einer Wasserwolke, aus der gleich darauf ein Vulkan hervorbrach. Die MTBs waren zwar einerseits rasend schnell und schwer bewaffnet, andererseits aber noch Holzboote, mit einer brisanten Ausstattung an Bord: Torpedos, Munition, Benzin! Bei der Explosion zerlegte dieses tödliche Konglomerat das Schnellboot in sämtliche Einzelteile, und die Trümmer regneten auf dessen Hintermann herab, der nur noch mit einem hektischen Schwenker nach Backbord versuchte, den schwelenden, verkohlten Überresten zu entgehen, die da vom Himmel fielen.

Von der Mühlen, der alte dickköpfige Kommandant, hatte seine brutale »Tellerdrehung« offenbar geschafft, ohne daß ihm eine seiner Schrauben abhanden gekommen war. Der aus dem Wasser aufragende Bug seines hecklastigen Bootes zeigte genau auf den angreifenden Zerstörer, zu dem der Abstand nur noch zweitausend, vielleicht zweitausendfünfhundert Meter betrug. Ich bekam mit, wie einer der Aale von 796 aus seinem Rohr auf die Reise geschickt wurde, ein »Brüderchen« gleich hinterher, bevor er kurz darauf unter der Wasseroberfläche verschwand.

Zwei Torpedos genau aus Lage Null abzufeuern – das lief auf einen glatten Selbstmord hinaus! Von der Mühlen, gestützt auf das Votum seiner Männer, hatte sich entschieden. Sie wollten dem Schreckgespenst Sibirien entgehen. Auch innerhalb meiner Besatzung gab es viele, die im Falle eines Falles nicht aussteigen würden. Alle fürchteten Sibirien.

Auf dem Zerstörer hatte man nun offenbar Lunte gerochen; scharf legte sich das Schiff auf die Seite, schwenkte nach Backbord, ein Stück nur, und kehrte dann wieder zurück auf den alten Kurs. Ein Manöver wie aus dem Lehrbuch: die schmale Silhouette zeigen, das kleinstmögliche Ziel bieten. Das Kriegsschiff lief parallel zu den Torpedolaufbahnen, die ich nicht sehen konnte, aber nun zweifellos weit genug von den tödlichen Aalen. Der Raum hatte gereicht, was kein Wunder war bei den achtundzwanzig Knoten, die der Zerstörer in etwa lief. Vermutlich war der russische Kommandant jetzt sogar ein klein bißchen stolz darauf, daß er das so schnell und perfekt hingekriegt hatte. Ich schluckte schwer. Von der Mühlen

war ein alter Hase, der genau mit dieser Reaktion gerechnet hatte. Fast war ich geneigt, Mitleid mit dem
Russen zu verspüren, aber nur beinahe …

Das Feuer der schweren Geschütze des Zerstörers
verstummte, als aufgrund des zu geringen Abstands
die Rohre nicht mehr weiter nach unten abgesenkt
werden konnten. Lediglich Leuchtspurmunition
wurde noch reichlich verschossen, während sich das
Kriegsschiff immer weiter zwischen U 796 und die
Schnellboote schob. Weiter nach Backbord konnte
der Kapitän nicht, denn da hatte eine Mine bereits
eines der Schnellboote in die Luft geblasen, und die
Wahrscheinlichkeit, daß sich dort noch weitere befanden, war hoch. Nach Steuerbord zu gehen hätte
vielleicht die Möglichkeit beinhaltet, das U-Boot zu
rammen, das aber seinerseits bei diesen Geschwindigkeiten viel besser Kurswechsel vornehmen konnte. Es war aus seiner Sicht unwahrscheinlich, daß er
die verdammte Naziröhre auf diese Weise erwischen
würde, um sie einfach unterzupflügen. Alles, was der
russische Kommandant tun konnte, war, seinen Kurs
einfach durchzuhalten, bis der Winkel wieder flacher
wurde und er mit seinen Heckgeschützen von der
Mühlen erledigen konnte. Es war das logische Manöver.

Als U 796 den Kurs wechselte, schien dessen Turm
im Sehrohr kürzer zu werden, was aber eine optische
Täuschung war. Realität hingegen war ein nicht enden wollendes Krachen, Bersten und Kreischen von
überbeanspruchtem Metall, als sich der Haifischbug

des Bootes in die ungeschützte Flanke des Kriegsschiffes bohrte. Das Bewegungsmoment des Zerstörers riß die beiden ineinander verkeilten Rümpfe in eine unfreiwillige Drehung. Vielleicht ahnte die russische Besatzung schon, was gleich passieren würde, als kein U-Boot-Luk aufsprang, keine Männer vom Turm ins Wasser sprangen und verzweifelt versuchten, sich zu retten.

Insgesamt vierundzwanzig TMC-Minen hatte U 796 in Kiel geladen. Wie viele davon von der Mühlen noch an Bord haben mochte, entzog sich meiner Kenntnis, aber es war nicht auszuschließen, daß es unter Umständen noch alle waren, weil er gar nicht dazu gekommen war, auch nur ein paar seiner Teufelseier zu legen. Legte man die neunhundertdreißig Kilogramm Sprengstoff pro Mine zugrunde, ergaben sich rund zwanzig Tonnen hochbrisanten Materials, zu dem das Dieselöl des Bootes, die Munition des Zerstörers und dessen Brennstoff hinzukamen. Gerade einmal viertausend Meter von uns entfernt trieb eine gigantische Bombe im Wasser!

»Dreimal Wahnsinnige voraus!« brüllte ich nach unten in die Zentrale. Endlose Sekunden schien gar nichts zu passieren. Dann hob es den Zerstörer regelrecht aus dem Wasser. Die See brach auf, als wirble eine feurige Faust das schwere Schiff einfach zur Seite wie ein Kinderspielzeug. Ein Anblick von schauriger Faszination. Mit Urgewalt wirbelten gleich darauf mächtige Druckwellen unseren Bootsrumpf herum, und ich verlor den Halt. Ein stechender Schmerz fuhr durch mein Rückgrat, als ich hart auf das Eisengehäuse des Ruderlageanzeigers prallte. Von unten vernahm ich Schreckensschreie und wüsteste Flüche; Lampen platzten, Glas splitterte, und in der Zentrale begann die Litanei von Befehlen und Meldungen.

»Abgasklappe backbord achtern macht Wasser!«

»Papenberg dicht!«

Dann zischte ein Feuerlöscher los, das Licht erlosch, und die Notbeleuchtung sprang an.

Mit einem Stöhnen rappelte ich mich auf und war froh, mich wenigstens noch bewegen zu können, auch wenn es höllisch weh tat. Ich kletterte mühsam die Leiter runter und hielt mich am Holm fest. »Meldungen, wie sieht es aus?« Das Bild von dem Todesstoß, den von der Mühlen dem Russen versetzt hatte, wich nicht aus meinem Kopf.

»Nur kleinere Schäden, Boot ist unter Kontrolle, Herr Käpten!« verkündete der LI. »Aber Sie bluten ja!«

Unwillkürlich fuhr meine Hand zur Stirn, und ich fühlte die klebrige Flüssigkeit. Schiet, offenbar hatte ich mir auch noch den Schädel am Sehrohr angehauen.

Der II WO machte einen Schritt auf mich zu, aber ich winkte ab. »Hoch mit Ihnen, Leutnant, ans Sehrohr und melden, was Sie sehen!«

»Jawohl, Herr Käpten!« Mertens quetschte sich an mir vorbei die Leiter hoch.

Der Donner über unseren Köpfen schien allgegenwärtig zu sein, neue Explosionen schüttelten das Boot, aber längst nicht mehr so stark wie beim ersten Mal. Das Kreischen brechender Schotten hallte durch das Wasser. »Funktioniert das GHG eigentlich noch?«

Der Funkmeister streckte den Kopf aus seinem Kabuff. »Leidlich, nur ein paar Druckdosen sind absoffen.«

»Was erzählen die Fische?«

Der erfahrene Feldwebel nahm sich einen Augenblick Zeit, noch einmal rundzuhorchen, wobei mir ein Rätsel war, wie er überhaupt bei diesem ganzen Durcheinander etwas heraushören konnte. »Schnellboote in null-eins-null, wandern nach Backbord aus.«

Demnach waren die schon einmal nicht mehr hinter uns her. Allerdings war neben U 796 und uns ja noch ein drittes Boot an der Sache beteiligt gewesen, das seine Minen genau in den Kurs der angreifenden Schnellboote gelegt und dem Zerstörer den Raum zum Manövrieren genommen hatte. Vielleicht waren sie hinter dem her. Doch wer mochte es sein: Mohrmann, Lindner oder Possehl? Ich hatte keine Ahnung.

Körperlich fühlte ich mich wie zerschlagen, und es kostete mich Mühe, meine Gedanken zusammenzuhalten. »Zwei WO, was haben Sie zu bieten?«

»Die Schnellboote laufen langsam nach Backbord ab. Aus dem Hafen kommen zusätzlich weitere Kolcher, drei, vielleicht vier!«

»LI, große Fahrt! Steuermann, ich brauche einen Kurs, der uns hier rausführt.«

Den hatte der Steuermann sich schon zurechtgelegt. »Eins-vier-fünf, Herr Käpten!«

Also schön, nun nichts wie weg hier. »Steuerbord zehn!« Die durchschnittliche Wassertiefe belief sich hier sowieso überall auf etwa dreißig Meter. Noch ein Flach lag vor uns, dann waren wir draußen. Falls die Russen hinter uns herjagten, würde das aber nicht viel ändern.

»Herr Käpten!« rief ganz aufgeregt der Funker, der seinen Kopf aus dem Schapp herausgestreckt hatte. »U-Boot in null-vier-drei, löst sich vom Grund! Ich kann hören, wie er seine Zellen ausbläst. Entfernung weniger als eine Meile.«

Die Meldung löste in der Zentrale einen Schock aus, denn sie konnte sich unmöglich auf eines unserer Boote beziehen. Blieb also nur unser hartnäckiger und ausdauernder Verfolger. Der Mistkerl hatte sich einfach vor dem Hafen auf Grund gelegt und geduldig gewartet. Fieberhaft zerbrach ich mir das Hirn auf der Suche nach einem Ausweg. Aber es gab keinen. Das Wasser war zu flach, um tiefer zu tauchen. »Dreimal Wahnsinnige! Hart Steuerbord! Funkmeister, können Sie seine Aale hören?«

»Nein, Herr Käpten!« Der Feldwebel starrte mich aus weit aufgerissenen Augen an, als habe er in diesem Moment bereits mit dem Leben schon abgeschlossen. Das fremde U-Boot hatte uns kalt erwischt, und genausogut wie ich wußte der Mann, daß wir im Begriff waren, exakt auf das andere Boot zuzudrehen, weil wir nirgendwohin sonst ausweichen konnten! Seine Aale mußten doch schon längst im Wasser sein! Noch nie war es mir so lang erschienen, das Boot zu drehen.

»Seine Maschinen laufen an! Er dreht seinerseits!« Oberleutnant Bär klatschte vor lauter Begeisterung darüber, daß die Torpedos ausbleiben würde, die Hände zusammen.

Es war nicht zu fassen: Unser »ewiger« Schatten drehte ab und wollte sich genauso wie wir vom Acker machen! Freund Hein waren wir nochmals von der Schippe gesprungen. Auf den aschgrauen Gesichtern meiner Leute tauchte nach und nach ein erleichtertes Grinsen auf, das zusehends breiter und breiter wurde. »Gehen Sie zurück auf den alten Kurs!« Ein paar Graue Wölfe kehrten heim; viele von uns waren seit Beginn des Krieges draußen geblieben und hatten ein nasses Seemannsgrab gefunden, überleben war für uns seit bereits zwei Jahren nur eine eher unwahrscheinliche Möglichkeit geworden. Und jetzt, am Ende, gab es nur noch eines zu tun. »Zeit, nach Hause zu fahren, Männer!«

* * *

Sechs Stunden später erreichten wir den vereinbarten Treffpunkt. Von den anderen Booten war natürlich noch keines eingetroffen, denn die würden, sollten sie die ganzen fünfunddreißig Meilen von Hanko bis zu dieser abgelegenen Ecke vor der nördlichen Küste Estlands unter Wasser zurücklegen müssen, mindestens zwölf Stunden mehr brauchen.

Die Russen waren uns jedenfalls nicht gefolgt, vielleicht weil sie befürchteten, in unserem Kielwasser auf weitere Minen zu treffen, und nicht so verrückt wie wir und bereit waren, das Risiko einzugehen, ihr Leben einfach durch die Bilge zu spülen. Es gab ja im nachhinein immer jemanden, der durch das Vorangegangene schlauer geworden war. Dafür schwärmten aber ihre Bienen umher, als würde es für sie nur noch uns geben. Jedes Mal, wenn wir das Sehrohr über Wasser gestreckt hatten, erschien sofort eine Rotte russischer Flieger in der Optik, die aus mindestens drei Maschinen bestand. Für uns hatte dies das Übliche bedeutet: Nase einziehen und nichts wie wieder runter.

Vor dem von den Russen besetzten Estland lagen wir nur knapp sieben Meilen vor der Küste in einem sechzig Meter tiefen Graben auf Grund, ein nettes kuscheliges Plätzchen für ein U-Boot, weil wir dort quasi unauffindbar waren.

Trotzdem war die Stimmung an Bord ziemlich gedrückt. Mindestens zwei unserer Boote waren bei dem Unternehmen samt ihren Besatzungen verlorengegangen. Auch wenn darüber nicht gesprochen wurde, weil zuviel Beschäftigung mit dem Tod nicht zum eigenen Überleben beitrug, so sprach das Schweigen darüber dennoch Bände. Manche der Männer lagen auf den Kojen und versuchten, trotz der Gedanken, die sie umtrieben, eine Mütze Schlaf zu finden, andere wiederum hockten an der Back und starrten einfach ins Leere. Groß was tun, das einen hätte ablenken können, gab es ja nicht. Die wenigen Schäden, die unser Boot davongetragen hatte, waren schon behoben: ein paar Birnen ausgetauscht, ein neues Glasrohr im Papenberg eingesetzt, und die undichte Abgasklappe war auch kein Thema, da wir ohnehin an die erst rankamen, wenn wir auftauchten, doch das mochte noch eine Weile dauern. Wieder einmal hatte die enervierende Zeit des Wartens begonnen. Von daher bildete selbst die Schinderei des Nachladens der Torpedorohre, hervorgerufen durch einen Defekt der neuartigen Schnelladevorrichtung unseres Wunderbootes, die mühsam manuell erst wieder funktionsfähig gemacht werden mußte, eine willkommene Abwechslung. Und die Aale abschußbereit in den Rohren zu wissen hatte außerdem etwas Beruhigendes, egal, ob wir sie überhaupt noch würden einsetzen müssen.

Ich saß in meinem Kabuff und betrachtete nachdenklich das Bild von Anke und den Kindern. Bedingt durch die sechs Kriegsjahre, war uns so was wie ein Familienleben nicht vergönnt gewesen, die meisten meiner Freunde waren nicht mehr oder saßen irgendwo in Gefangenenlagern; dreimal war ich dem so gut wie sicheren Tod von der Schippe gehüpft, und x-fach war dies auch nur verdammt knapp gewesen. Alles, wonach es mich verlangte, war, nach Hause zu meinen Lieben zurückzukehren, ein neues Leben anzufangen, falls die Sieger das zuließen und uns nicht erst noch jahrelang in Kriegsgefangenschaft würden schmoren lassen. Frieden war das Zauberwort, nach dem wir alle uns sehnten, ohne zu wissen, was dies für einen jeden konkret bedeuten würde.

Kurz vor zehn Uhr abends tauchten wir auf. Das Naxos war frei, aber das mußte ja nicht unbedingt etwas besagen. Mit Argusaugen kontrollierten wir den Luftraum, während wir auf dem Turm die frische nächtliche Brise genossen. Die Wolkendecke war über weite Strecken aufgerissen, und wir konnten Sterne am Himmel sehen – Gott sei Dank aber keine russischen Flieger. Nachtflüge über der See waren, wie wir inzwischen herausgefunden hatten, ohnehin nicht deren Ding – und wenn überhaupt, dann würden sie ganz woanders nach uns suchen, denn darauf, daß wir immer noch hier herumhingen, konnte niemand kommen, der sie wahrlich noch alle hatte.

»Herr Käpten, die Funker haben die Deutschlandwelle erwischt und fragen, ob sie den Sender auf die Lautsprecher schalten dürfen.«

»Warum nicht«, beschied ich den II WO. »Vielleicht gibt's Nachrichten aus der Heimat.«

»Im Augenblick nur Marschmusik!«

»Immer her damit, da im Moment ja keiner in der Nähe zu sein scheint, der an dem Dschingderassabumm Anstoß nehmen könnte.« Den I WO, der die Wache hatte, ließ ich wissen: »Und ich geh mal runter und schau, ob der Smut noch ein paar Stullen für mich hat.«

»Jawohl, Herr Käpten!« Bär salutierte kurz.

Ich beugte mich über das Luk. »Ein Mann Zentrale!« Dann rauschte ich auch schon an den Leiterholmen in die Tiefe, wo mich der *Radetzky-Marsch* empfing.

Leutnant Mertens, der zusammen mit dem Steuermann am Kartentisch stand, wandte sich, als er meine Stiefel auf das Deck knallen hörte, noch so rechtzeitig um, daß er mein schmerzverzerrtes Gesicht zu sehen bekam. »Autsch, Herr Käpten!« sagte er mitfühlend, »aber bei Ihrem Rücken sollten Sie derlei schwungvolle Rutschpartien besser tunlichst unterlassen. Rückengeschichten sind nichts, womit man spaßen sollte.«

»Wem sagen Sie das?« Ich holte Luft und mühte mich, eine einigermaßen aufrechte Körperhaltung zu gewinnen. »Noch funktioniert's ja einigermaßen«, erklärte ich trotzig und blickte an ihm vorbei auf die Karte. »Und was diskutieren Sie beide hier so eifrig?«

»Ach, nichts Besonders«, erklärte der Leutnant und lächelte verschmitzt. »Wir wollten uns über die Gegend einfach nur ein bißchen schlauer machen, Herr Käpten, denn man kann ja nie wissen, wozu das noch ...«

Ich hob abwehrend die Hand, da aus den Lautsprechern Fanfarenklänge erschollen, denen die Stimme eines Nachrichtensprechers folgte. Der Empfang war nicht besonders und wurde immer mal wieder von einem Knacken oder Rauschen unterbrochen. Aber immerhin konnten wir verstehen, was der Mann sagte.

»Aus dem Führerhauptquartier wird gemeldet, daß unser Führer Adolf Hitler heute nachmittag in seinem Befehlsstand in der Reichskanzlei, bis zum letzten Atemzug gegen den Bolschewismus kämpfend, für Deutschland gefallen ist.«*

Was danach noch folgte, bekam keiner von uns mehr so richtig mit. Betroffenheit, in welcher Form auch immer, sprach aus den Blicken, welche die Männer miteinander wechselten. Adolf Hitler war tot! Aber nicht einmal der überzeugteste Nazi an Bord mochte der Mär Glauben schenken, daß er im Kampf gefallen war. Wahrscheinlich hatte er sich einfach eine Kugel durch den Kopf gejagt, um dem zu entgehen, was die Russen mit ihm gemacht hätten, falls sie seiner habhaft geworden wären.

Unter den Parteibonzen würde nun eine sofortige Absetzbewegung beginnen. Es war unvermeidlich. Wie so etwas vonstatten ging, hatte ich selbst bei dem Gauleiter von Ostpreußen miterlebt.** So würden jetzt viele der Vasallen des Gröfaz versuchen, ins Ausland zu flüchten, dort eine neue Identität anzunehmen oder einfach nur unterzutauchen. U-Boote würden noch einmal sehr populär werden, hatte Roloff gesagt.

Und was war mit uns? Darüber, daß der Krieg

---

* Rundfunkmeldung vom 1. Mai 1945, 22:30 Uhr deutscher Zeit.
** Siehe Erik Maasch: Das U-Boot-Tribunal.

nun definitiv vorbei war, war in der Nachrichtensendung kein Wort gefallen. Eine Antwort darauf, wie es weitergehen würde, erhielten wir noch während der Nacht. »Ich halte es für meine erste Aufgabe, deutsche Menschen vor der Vernichtung durch den vordringenden bolschewistischen Feind zu retten. Nur noch für dieses Ziel geht der militärische Kampf weiter.«* Der Rundfunkempfang war nicht besonders klar, und unser Löwe hörte sich irgendwie krächzend an. Roloff hatte auch in diesem Punkt recht behalten, Hitler hatte Dönitz zu seinem Nachfolger bestimmt!

* * *

Erst gegen Mittag des folgenden Tages fing unser GHG Schraubengeräusche auf, die zwar leise waren, sich aber trotzdem ganz in unserer Nähe befanden. Wenigstens eines unserer Boote hatte demnach den Weg zum Treffpunkt geschafft.

»Peilt in drei-zwo-drei, langsame Fahrt!«

»Herr Mertens, klemmen Sie sich mal an die Gertrude und sagen Sie guten Tag.«

Der Leutnant grinste breit und griff zum Unterwassertelefon. »Mal schauen, wer es ist.«

Die Verbindung kam nicht auf Anhieb zustande, und er mußte ein paar Versuche starten, bis es klapp-

---

* Rundfunkansprache Dönitz vom 1.Mai 1945, 23:15 Uhr deutscher Zeit.

te und sich zwischen Knacken und Gluckern jemand meldete. Mertens strahlte wie ein Honigkuchenpferd. »Mohrmann!« ließ er mich wissen und preßte den Hörer erneut ans Ohr, wobei er sehr deutlich, sehr langsam, vor allem aber sehr laut sagte: »Willkommen zurück, Herr Kaleu!«

Das Boot mit dem tanzenden Mohr im Wappen war also unter seinem jungen Kommandanten durchgekommen. Aber vielleicht würden die alten Hasen ja auch noch eintrudeln.

Erst so nach und nach erfuhren wir, wie es ihm ergangen war. Mohrmann hatte bereits ziemlich tief in er Bucht gestanden, als die Russen sich eines der anderen Boote vorgeknöpft hatten. Das Wabo-Bombardement hatte er genauso mitbekommen wie wir, jedoch dabei geglaubt, es handele sich eher um eine Aktion auf gut Glück. Folglich hatte er begonnen, seine Minensperre zu legen. Doch unbehelligt war er nicht lange geblieben, da ein Wachboot ihn ausmachte, das sofort die Schnellboote herbeibeorderte. Damit stand nun fest, daß es seine Minen gewesen waren, die dafür gesorgt hatten, daß eines der Boote in die Luft flog und dem Zerstörer die Bewegungsfreiheit genommen wurde. Danach hatte er dann die restlichen seiner Minen benutzt, seinen Rückzug zu decken. Der junge Kaleu war ein ziemlich abgebrühter Hund, das mußte man ihm lassen.

Wir warteten noch drei weitere Tage auf unsere Kameraden, denn Zeit spielte keine Rolle mehr. Der Krieg ging auch ohne uns seinem Ende entgegen.

Nur in den Nachtstunden tauchten wir auf, durchlüfteten die Boote und luden die Batterien, die Tage verbrachten wir am Grund der Ostsee.

Nach der ersten Freude über Mohrmanns Rückkehr trübte sich die Stimmung merklich wieder ein, denn mit jeder Stunde, die verging, wurde die Aussicht, daß Lindner oder Possehl noch auftauchten, immer geringer. Eines der Boote war von den Russen zerbombt worden, das Ende von U 796 hatten wir aus nächster Nähe miterlebt, während wir über das dritte Boot gar nichts wußten. Aber wenn es noch geschwommen wäre, dann hätte sein Kommandant es auch bis zum Treffpunkt durchgebracht, denn wir waren ja gerade mal fünfunddreißig Meilen von Hanko entfernt. Als wir unsere Boote zum letzten Mal vom Grund lösten und der Oberfläche entgegenstrebten, bestand die traurige Gewißheit, daß niemand mehr zu uns stoßen würde. Doch darüber wurde nicht gesprochen.

Der Nachthimmel war frei und klar, aber dunkel. Wir liefen mit ausgefahrenem Hohentwiel vornweg, U 823, der tanzende Mohr, folgte in unserem Kielwasser. Ich beabsichtigte, mit kleiner Fahrt quer über die Ostsee und dann entlang der schwedischen Gewässer wieder nach Süden zu laufen. Vor Estland, Lettland und Litauen würde es genauso von russischen Schiffen und Flugzeugen wimmeln wie dann später im Bereich der polnisch-deutschen Küste. Das war so sicher wie das Amen in der Kirche. Also hieß es, immer schön außen herumzufahren und im wahrsten

Sinne des Wortes möglichst weit vom Schuß zu bleiben.

Am Abend des fünften Mai empfingen wir auf Mittelwelle den Befehl an alle Boote, in die Heimathäfen zurückzukehren. Mochte der Teufel wissen, wie das die Kameraden im Atlantik in irgendeiner Weise mitbekommen sollten. Für uns änderte sich dadurch ohnehin nichts, da wir uns ja schon auf Heimatkurs befanden, nur eben auf einem kleinen Umweg, um Ärger aus dem Wege zu gehen.

Während der Nacht zirpten mehrere Funkstellen das Schlüsselwort »Regenbogen«, das den Befehl zur Selbstversenkung beinhaltete. »Es ist besser, als Wolf zu sterben denn als Hund zu leben«, das war leicht gesagt, und die eigenen Boote zu versenken war noch so eine Sache, denn noch hatten wir nicht kapituliert, auch wenn uns völlig unklar war, warum wir eigentlich noch kämpften.

Mißmutig hockte ich in meiner Kammer und nahm einen Schluck aus meiner Kaffeemug, in der sich allerdings Branntwein, nur für medizinische Zwecke, befand. Meine Augen ruhten auf dem Übersegler. In zwei Stunden konnten wir vor der schwedischen Küste stehen, die Flutventile öffnen und an Land schwimmen. Sollte ich den Befehl befolgen? Wir hatten nur das Stichwort empfangen, aber nichts, woraus hervorging, wer der Absender war, der den Befehl gegeben hatte. Hätte er von Dönitz gestammt, dann wäre er auch namentlich gezeichnet gewesen. Es sprach daher einiges für die Annahme, daß er aus einem, vielleicht mehreren U-Boot-Funkschapps in den Äther geschickt worden war. Schaudernd stellte ich mir vor, was er bewirken würde, denn »Regenbogen« galt nicht nur für die Boote, die draußen auf See waren, sondern auch für all jene, die in der Heimat lagen, in Kiel, Hamburg, Bremen, Neustadt, Wilhelmshaven. In der Wesermünde, der Flensburger Förde, dem Hörup Haff und der Geltinger Bucht würden Sprengladungen angerissen, Flutventile geöffnet werden und die Boote ein letztes Mal auf Tauchstation gehen. Morgen früh würde es kein einziges intaktes U-Boot mehr in Deutschland geben – ganz in der von Admiral von Reuter begründeten Tradition.* Der Krieg war verloren, alles was uns blieb, war unserer Würde.

Es waren quälende Stunden während dieser Nacht, in denen ich das Bild unserer Boote vor Augen hatte, wie sie in einer langen Prozession hinausfuhren, um sich selbst zu zerstören. Ich entschied mich dagegen, daß wir das auch taten. In Frage gekommen wären für uns ohnehin nur die

---

* Admiral Ludwig von Reuter war als Kommandierender des Internierungsverbandes verantwortlich für die Selbstversenkung der deutschen Hochseeflotte in Scapa Flow. Ähnlich der Selbstversenkung der U-Boote 1945 entspricht dieses Denken prinzipiell grundsätzlich der Tradition aller Marinen bis in die heutigen Tage. Die Selbstversenkung von Scapa Flow, aber noch viel mehr die Operation Regenbogen schufen Mythen, die in der internationalen Welt der Seestreitkräfte bis heute durchaus lebendig sind.

schwedischen Küstengewässer, doch trotz der Frühlingstemperaturen war das Wasser immer noch saukalt, und zudem konnten ja auch nicht alle Männer schwimmen. Wahrscheinlich hätte ich die Hälfte unserer beiden Besatzungen verloren, was mir ein zu hoher Preis für ein letztes Aufbegehren meiner soldatischen Ehre zu sein schien.

Ich rappelte mich auf und machte meine Runde durch das Boot. Keiner meiner Männer sprach mich an, doch in ihre Augen geschrieben stand die bange Frage: *Was wird der Alte entscheiden ...?* Hätte ich den entscheidenden Befehl zur Selbstversenkung gegeben, sie hätten ihn ausgeführt. Diese Erkenntnis, mehr als alles andere, wischte die »Operation regenbogen« endgültig vom Tisch. Selbst bei einer Internierung in Schweden hätten uns die Schweden ausgeliefert, denn denen war an einem guten Verhältnis zu den Russen gelegen. Die Männer hatten Besseres verdient!

Immer noch in Gedanken, kehrte ich aus dem Bugraum zurück zur Zentrale. Am Funkschapp hielt ich kurz inne. Der Drauf zeigte das gleiche Bild wie seit Tagen an: ein leuchtender Punkt hinter uns, ein zweiter in großem Abstand. Nachdenklich betrachtete ich den Schirm.

»Unser Schatten ist immer noch da, Herr Käpten«, sagte der Funker unnötigerweise, denn das sah ich selbst. »Im Horchgerät klingt er, als habe er vor Hanko auch was abbekommen.«

»Behalten sie ihn auf alle Fälle gut unter Beobachtung, es könnte ja sein, daß wir den Burschen noch brauchen.«

Der Funker sah mich nur entgeistert an.

* * *

Es war schon eine seltsame Formation, die sich durch die Ostsee bewegte. Wir fuhren als erstes Boot, Mohrmann in unserem Kielwasser, und dahinter hing, wie immer ziemlich genau zehn Meilen achteraus, das mysteriöse U-Boot. Mohrmann probierte ein paarmal, sich zurückfallen zu lassen, aber unser Beschatter wurde nur ebenfalls langsamer, um danach mit Mohrmann zusammen wieder aufzuschließen. Er mußte nach einem Funkmeßgerät fahren, auf das unser Naxos nicht ansprach.

Ab und zu, wenn wir vor Flugzeugen wegtauchten, verschwand auch er von der Oberfläche, aber eigentlich schon immer vor uns, was ein klares Indiz dafür war, daß er die Maschinen mit seinem Ortungsgerät früher mitbekam als wir. Also gewöhnten wir uns an, gleichfalls sofort auf Tauchstation zu gehen, wenn der kleine Punkt, der das fremde U-Boot auf unserem Drauf markierte, verschwand. Unsere gemeinsame Interessenlage bei diesem Spielchen, das der Unbekannte mit uns trieb, war längst offenkundig geworden: Nur nicht auffallen und entdeckt werden! Und weil dem so war, gab ich nur ein sehr langsames Tempo vor, um zu vermeiden, daß lange weiße Kielwasserschleppen die Aufmerksamkeit der Bienen auf uns lenkten, während wir uns auf die schwedische Küste zubewegten.

Das Kalenderblatt zeigte den neunten Mai, als unsere Funker einen Spruch der Briten empfingen, in dem alle deutschen U-Boote aufgefordert wurden, aufzutauchen, eine schwarze Flagge zu setzen und sich zu ergeben; alle Waffen seien unscharf zu machen, Geschütze dürften nicht mehr besetzt werden. Eine weiße Friedensflagge statt unserer eigenen wäre ja noch angegangen, aber von uns zu verlangen, eine Piratenflagge aufzuziehen, war eindeutig zuviel und kam für mich überhaupt nicht in die Tüte. Wir waren schließlich Soldaten und keine Verbrecher, als die uns die Tommys behandeln wollten! Die Nachricht machte in Windeseile die Runde im Boot. Im Bugraum wurden bereits wilde Pläne für einen Durchbruch nach Argentinien oder Uruguay geschmiedet, aber auch Stimmen wurden laut, die dafür plädierten, uns in Schweden internieren zu lassen, und wieder andere hatten völlig abstruse Ideen, die den Fernen Osten betrafen, als ob wir den mit unserem Öl überhaupt jemals hätten erreichen können. Mitten in dieses Durcheinander platzte ein zweiter Funkspruch, mit dem Dönitz sich an seine U-Boot-Fahrer wandte.

Meine Hand umklammerte das Mikrophon, als ich den Wortlaut verlas. »Meine U-Boot-Männer! Sechs Jahre U-Boot-Krieg liegen hinter uns. Ihr habt gekämpft wie die Löwen. Eine erdrückende Übermacht hat uns auf engstem Raum zusammengedrängt. Von der verbleibenden Basis aus ist eine Fortsetzung des Kampfes nicht mehr möglich. U-Boot-Männer! Ungebrochen und makellos legt ihr nach einem Heldenkampf ohnegleichen die Waffen nieder. Wir gedenken in Ehrfurcht unserer gefallenen Kameraden, die ihre Treue zu Führer und Vaterland mit dem Tod besiegelten. Kameraden! Bewahrt euch euren tapferen U-Boot-Geist, mit dem ihr lange Jahre hindurch tapfer und unbeirrt gekämpft habt, auch in Zukunft zum Besten unseres Vaterlandes. Es lebe Deutschland! Euer Großadmiral«*

Es war vorbei, der Löwe hatte die Kapitulation angeordnet. Ein paar Durchführungsanweisungen in den nachfolgenden Funksprüchen unterschieden sich zwar von den Forderungen der Engländer, änderten aber nichts am Grundsätzlichen: Auftauchen, Kriegsflagge setzen und auf Verlangen ehrenvoll niederholen!

Der Tag, mit dem wir lange schon gerechnet hatten, war gekommen, der Tag, den wir herbeigesehnt und auch gefürchtet hatten.

Was nun auf uns zukommen würde, soviel wußten wir vom letzten verlorenen Krieg, würde eine Zeit der Demütigungen werden. Amerikanische Politiker hatten bereits propagiert, Deutschland solle nach dem Krieg in ein reines Agrarland umgewandelt werden. Und hatten nicht die Alliierten schon

---

* Funkspruch von Großadmiral Dönitz vom Abend des 9. Mai.

im Februar in Jalta unser Land unter sich aufgeteilt? Was uns erwartete, war ein Schweigen der Waffen, aber war es Frieden? Und wenn, wie lange würde der währen? Beinahe zwangsläufig wanderten meine Gedanken zurück zu dem Konzept der »Operation Unthinkable«.

Leutnant Mertens räusperte sich. »Verzeihen Sie, Käpten, aber die englischen Kapitulationsanweisungen wollen mir nicht in den Kopf. Schwarze Flagge und so.«

»Immer sachte mit den jungen Pferden«, sagte Mahnke, bevor ich antworten konnte, da ich so vertieft in meine eigenen Gedanken gewesen war. »Erst einmal müssen wir es überhaupt schaffen, wenigstens bis zu den Tommys zu kommen.«

Seine diesbezüglichen Sorgen konnte ich verstehen, da mit britischen Einheiten frühestens im Kattegat zu rechnen war, und bis dahin war es ja noch ein ganzes Stück. Nur lag er da mit seiner insgeheimen Befürchtung, die aus seinen Worten sprach, völlig falsch. Unser nicht abzuschüttelnder Verfolger würde keine Flieger per Funkspruch auf uns hetzen, denn das hätte er sonst schon längst tun können. Demonstrativ blickte ich auf meine Uhr. »Guten Morgen, meine Herren! Das Beste dürfte sein, der Smut bringt erst einmal was Anständiges auf den Frühstückstisch. Und daß wir überhaupt ins Kattegat wollen, ist längst noch nicht gesagt. Was ich aber, meine Herren, in gar keinem Fall zu tun gedenke, ist, mich den Iwans zu ergeben.«

Die allgemeine Erleichterung über dieses klare Bekenntnis war unverkennbar. »Ach, noch was Wichtiges, bevor ich es vergesse«, setzte ich hinzu und grinste, »unser Kombüsenkönig soll gefälligst das gute Dosenobst rausrücken. Wär' doch jammerschade, wenn das uns am Ende noch irgendwer anders wegfuttern würde! Das wär's dann wohl für den Augenblick. Offiziere in die Messe, Steuermann, Sie übernehmen solange die Zentrale.«

Kaum hatten wir in der O-Messe unsere Plätze eingenommen, konnte der LI nicht länger an sich halten. »Nun mal Butter bei die Fische, Herr Käpten!« forderte er mich mit vorwurfsvoll funkelnden Augen auf. »Wie lange wissen Sie schon, daß der Kerl, der da ständig hinter uns herkrebst, kein Russe ist?«

Ich zuckte mit den Schultern. »Vermutung wäre vielleicht das treffendere Wort.«

Mertens rieb sich nachdenklich das bärtige Kinn. »Zumindest hat er sich aus allem rausgehalten, als es in Hanko rundging«, stellte er fest.

»Vielleicht gab es dafür Gründe, die uns unbekannt sind.« Ich versuchte mir den Anschein von Beiläufigkeit zu geben.

»Wollen Sie uns etwa weismachen, daß wir es bei unserem Verfolger mit einem Briten zu tun haben? Nie und nimmer! Die Brüder meiden doch die Ostsee wie die Pest und überlassen das Terrain lieber ihren russischen Verbündeten. Ein Tommy-Boot so weit im Osten ergäbe doch strategisch überhaupt keinen Sinn.«

»Wer weiß, wer weiß?« sagte ich vieldeutig und schickte ein sibyllinisches Lächeln hinterher, weil ich ja schlecht die Katze aus dem Sack lassen konnte, was Churchills angebliche Pläne und diese »Operation Unthinkable« betraf.

Oberleutnant Mahnke schob trotzig sein Kinn vor. »Der Krieg ist vorbei, Deutschland hat kapituliert, Herr Käpten. Und ich will Ihnen ja auch nicht deswegen zu nahe treten, Herr Thomsen, aber damit gibt es auch keine Gründe mehr, uns irgendwelche Informationen vorzuenthalten, über die Sie anscheinend verfügen.«

Von seiner Warte aus gesehen, hatte der LI recht. Noch während ich überlegte, was ich darauf erwidern sollte, hob Mertens die Hand, und ich erteilte ihm per Kopfnicken das Wort.

»Was ich mich schon die ganze Zeit über frage, ist der Sinn, der hinter unserer Operation gegen Hanko hätte stecken können. Nachdem Königsberg gefallen war, existierte eigentlich kein Grund mehr, den Hafen zu verminen, weil es ja auch keine Flüchtlingsdampfer mehr gab, die durch diese Maßnahme vor den Russen hätten geschützt werden können. Was also sollte das Ganze?«

Ich lächelte ganz ruhig, denn daß der II WO ein helles Kerlchen und alles andere als auf den Kopf gefallen war, wußte ich, seit wir diese Feindfahrt miteinander angetreten hatten. Trotzdem probierte ich es nochmals mit einer Ausflucht: »Denkbar immerhin wäre ja, daß noch irgendwelche Geleite erwartet wurden, von denen wir nichts wissen und deren Eintreffen verhindert werden sollte.«

»Das mag ja vielleicht so sein, Herr Käpten«, räumte der II WO ein, allerdings mit spöttisch hochgezogenen Mundwinkeln. »Nur erklärt das dann noch lange nicht, warum dieser Tommy sich so absolut passiv verhalten hat. Aber vielleicht hatte er ja auch dafür seine Gründe?« Auf dem Gesicht des Leutnants machte sich ein verschmitztes Lächeln breit. »Nur, wenn es ein Tommy ist, den wir gewissermaßen als Fahrkarte raus aus der Ostsee benutzen wollen, dann sehe ich ein weiteres Problem.«

Mahnke schaute mittlerweile nur noch völlig irritiert aus der Wäsche. »Ich verstehe nur Bahnhof und Koffer klauen.«

»Wollen wir denn ihm«, fragte Oberleutnant Bär, »das Boot übergeben?« Dabei starrte er auf die Stelle, wo noch bis vor kurzem in der Messe das Bild des »Führers« gehangen hatte, das mittlerweile, von wem auch immer, entfernt worden war.

Müde zuckte ich mit den Schultern. »Ich glaube nicht, daß wir eine Wahl haben.«

»Wie wahr«, pflichtete Bär mir bei. »Wann?«

»Morgen früh. Ich nehme an, die Sache wird zügig vonstatten gehen, denn der Bursche dürfte ja auch nicht scharf darauf sein, länger als unbedingt nötig bei Tageslicht wie auf dem Präsentierteller für die Flieger zu liegen.«

* * *

Der Himmel im Osten begann sich allmählich auf-zuhellen. Einmal mehr ließ ich meinen Blick etwas wehmütig über mein Boot gleiten. Rein vorsorglich waren wir genau wie Mohrmann gefechtsklar für den Fall, daß der Kerl versuchen sollte, ein linkes Ding mit uns zu veranstalten. U 823 schob sich nun langsam in Dwarslinie hinter uns. Mochte es auch schon ein ziemlich altes Modell sein, so hatte es doch wenigstens noch ein Decksgeschütz.

Hinter mir ragte der Sehrohrmast in die Höhe, und in der Brise wehte die Kriegsflagge steif aus. Dar-über hatten wir ein ehemals weißes Bettuch gehißt, denn irgendwie mußten wir ja unsere Bereitschaft zur Kapitulation anzeigen, auch wenn das Ding eher einer grauen Flagge mit ein paar grünlichen Schim-melflecken ähnelte.

Bärs Stimme drang dumpf aus dem Sprachrohr. »Fünf Minuten bis Sonnenaufgang!«

Meine Augen suchten Mertens. »Geben Sie an Mohrmann. Kursänderung! Jetzt!« Anschließend beugte ich mich über das Sprachrohr und gab an den I WO durch: »Steuerbord zwanzig! Steuern Sie nach Funkmeß! AK!«

Der Turm schwankte etwas, als sich unser Boot in die Wendung legte. Ich schaute kurz zu Mohrmann hinüber, dessen Turmwache ebenfalls den Eindruck erweckte, als würde sie auf einem schiefen Felsen ba-lancieren. Am Heck quoll weißer Schaum auf, als die Schrauben schneller schlugen, wobei das leichtere U 823 etwas zügiger Fahrt aufnahm als wir, und seine schnurgerade Spur des Kielwassers begann sich zusehends stärker zu krümmen. Wir gingen beinahe exakt auf Gegenkurs. Mohrmanns Boot, das vorher steuerbord achteraus gelaufen war, kam durch die Wendung nach backbord voraus. »Stützruder!« Die Befehle kamen ganz automatisch. Noch war der Abstand zu dem unbekannten U-Boot, das sich so lange hartnäckig an uns geheftet hatte, mit zehn Meilen zu groß für einen Torpedoschuß, aber das würde nicht so bleiben. Ich hob das Glas. Doch mehr als ein zunächst nur dunkler Punkt auf der Wasseroberfläche, ohne weitere erkennbare Details, war nicht auszumachen. Zunächst einmal tat sich gar nichts, und wir liefen auf unseren Kursen stur aufeinander zu. Meine Annahme bestätigte sich, denn bisher hatte er sich immer zurückfallen lassen, wenn Mohrmann versucht hatte, näher an ihn ranzukommen. Zum ersten Mal wollte er uns nun nicht mehr ausweichen.

Die Distanz schrumpfte auf acht Meilen, war damit aber immer noch zu groß für einen Waffeneinsatz, falls er den beabsichtigen sollte. Ich tippte Mertens an, und der Leutnant, der mit höchster Anspannung verfolgte, was ablief, zuckte vor Schreck zusammen. »Sprechen Sie ihn an!«

»Wie denn?«

»Offen natürlich. Er …« Ich stutzte. »Oh!« Natürlich stand zu erwarten, daß auf dem anderen Boot Deutsch nicht verstanden werden würde. »Können Sie Englisch?«

»Etwas. Was soll ich ihm sagen?«

Noch so eine gute Frage, die ich mit einem Grinsen quittierte. »Fangen wir doch einfach damit an, ihm einen guten Morgen zu wünschen.«

Der II WO hob die Vartalampe und morste los, und wiederholte das ganze gleich noch zweimal hintereinander. Dann wartete er einen Augenblick ab.

»Der scheint offenbar Tomaten auf den Augen zu haben«, knurrte ich. »Probieren Sie es weiter.« Unwillig schüttelte ich den Kopf, denn das wollte so gar nicht zu unserem ständigen Beschatter passen, der sich bislang immer mächtig auf Zack gezeigt hatte.

»Sonnenaufgang!« meldete der I WO. Was auch immer sich tat, Oberleutnant Bär folgte stur der Dienstvorschrift, die besagte, daß über den Sonnenaufgang Mitteilung an die Brücke zu machen war, falls nicht gerade getaucht gefahren wurde.*

Ich wollte mich schon über das Sprachrohr beugen und ihm pflichtschuldigst danken, doch ging in diesem Moment auf dem anderen U-Boot etwas vonstatten, was einer Geistererscheinung glich. Der große Brocken, als der er sich beim Näherkommen entpuppt hatte, vergleichbar etwa mit der Größe unseres U 2532, fuhr langsam das Sehrohr aus, an deren Spitze sich in der Brise eine Flagge entfaltete. Nur war es nicht die White Ensign der britischen Kriegsflagge, die Weiße Gösch mit dem St.-Georgs-Kreuz und dem Union Jack im Obereck, sondern zu unser

---

* Die Flaggenparade fand traditionell erst bei Sonnenaufgang statt; vorher wurde normalerweise keine Flagge gesetzt.

aller grenzenloser Überraschung das Sternenbanner.

»Da brat mir doch einer 'nen Storch!« entfuhr es
Leutnant Mertens. »Ein Ami!«

Noch während ich versuchte, mir auf diese Überraschung einen Reim zu machen, blitzten auf dem
langgestreckten Turm des Amerikaners Morsesigna-
le auf, allerdings in einem ganz ungewöhnlich lang-
samen Tempo, das gar nicht zu vergleichen war mit
dem üblichen Stakkato, das wir sonst so gewöhnt
waren. Wir versuchten mitzulesen. »F – L – U …« Was
zum Teufel wollte der uns mitteilen? Die Erleuchtung
kam schlagartig. »Flugzeug, Aaaalaaaaarm!«

Schon schossen am Bug des Amis die Fontänen
hoch, als er seine Entlüftungen aufriß, bevor er gleich
darauf unterschnitt.

Unsere Wache verließ sofort den Turm, wobei ich
als letzter einstieg, den Deckel zuschlug und das
Handrad wirbeln ließ. »Turmluk dicht!«

In der Zentrale erteilte der LI die Befehle, ruhig
und besonnen wie immer. Runter auf sechzig Meter
zu gehen, lautete seine Anweisung, eine, die an dieser
Stelle noch möglich war. Immerhin etwas!

Ich ging die paar Schritte zum Funkschapp weiter.
»Haben Sie den Vogel auf dem Drauf gehabt?«

»Fehlanzeige, Herr Käpten!«

»Das habe ich mir fast gedacht! Technisch verfügt sein Gerät über eine größere Reichweite, als wir
sie haben. Immerhin anständig, daß er uns gewarnt
hat.«

Der Funkmeister verzog skeptisch das Gesicht. »Vielleicht hat er sich dadurch nur seine Beute sichern wollen.« Er drehte vorsichtig am Handrad des GHG. »Da haben wir ihn ja. Kleine Fahrt, in null-null-sieben, wandert nach rechts aus.«

Ich streckte den Kopf aus der Horchbude und rief in Richtung Zentrale: »Eins WO! Kleine Fahrt und Steuerbord fünf! Wir folgen ihm.« Dann wandte ich mich wieder dem Funker zu. »Ich nehme an, dessen Kommandant wird jetzt fluchen wie ein Rohrspatz.« Trotz der Situation mußte ich grinsen. Der Amerikaner hatte mit seinem Radar die Flieger erfaßt, bevor die überhaupt eine Chance hatten, ihn und damit auch uns zu entdecken. Dank seiner Vorwarnung ruhte nun still die See, doch eine ruhige Unterhaltung über die Modalitäten der Übergabe unserer beiden Boote war momentan dennoch nicht drin.

»Der wandert zurück.« Aus der Stimme des Funkmeisters sprach Verwunderung. »Was macht der denn? Kreist der?«

Mir wurde ganz anders. »Heizen Sie das Horizontalecholot an.« Drei U-Boote, wenig Raum, und alle fuhren wir nur nach Gehör! Das hatte mir jetzt gerade noch zur Seligkeit gefehlt. »Veranstalten Sie getrost mal etwas Lärm!«

Der Funker starrte mich an, als hätte ich ihm einen schweinischen Witz erzählt, den er mir nie und nimmer zugetraut hätte. Aber vielleicht hätte er den sogar leichter abgekonnt. »Lärm?!«

Ich nickte entschlossen. »Bevor wir hier unter

Wasser zusammenstoßen, ist der allemal besser!« Irgendwie war die Situation, in der wir uns befanden, schon kurios. »Ein Amerikaner in der Ostsee!« Und dazu wir mit unseren beiden Booten. Mr. Churchill würde das, wenn er davon wüßte, aber gar nicht schmecken! Was für ein Durcheinander!

Eine Stunde später tauchten wir wieder auf. Der Himmel war frei von Flugzeugen – für den Augenblick jedenfalls. Beinahe sofort blitzte wieder die Morselampe auf dem Turm des Amis auf. »Drehen Sie bei und erwarten Sie mein Enterkommando.«

»Na dann entert mal schön!« murmelte ich vor mich hin und beugte mich über das Sprachrohr. »Backbord Zehn! Und der Bootsmann soll ein Leinenkommando an Deck schicken!« Langsam schwang unser Vorschiff in den Wind, während hinter uns Mohrmann ebenfalls beidrehte. Das amerikanische Boot hielt sich parallel zu uns. Auf seinem Achterdeck konnte ich mit bloßem Auge eine Handvoll Seeleute erkennen, die sich mit eingeübten Handgriffen an einem Schlauchboot zu schaffen machten. Das ging alles ruck, zuck, und nur Minuten später brauste das gelbe Ding auch schon auf uns zu und drehte mit einem eleganten Schwung auf uns ein. Der Schmading warf eine Leine hinüber, und akkurat wie bei einer Übung kam das Boot unter unserem Geschütz zum Stillstand. Männer mit Stahlhelmen und Maschinenpistolen sprangen an Deck und stürmten sofort die Klampen zum Turm hoch.

Unsere Leute an Bord sahen deren einsatzmäßigem Vorgehen mehr oder weniger unsicher zu. Doch als einer der amerikanischen Seemänner meinte, er könne so mir nichts, dir nichts unsere Flagge einholen, sanken die bereits zum Zeichen der friedlichen Aufgabe erhobenen Arme wieder nach unten und ein protestierendes Gemurmel setzte ein. Die Amerikaner ließen ihr Vorhaben erst mal sein und versuchten vorsichtshalber etwas auf Distanz zu gehen, was in Anbetracht der herrschenden Enge auf dem Turm gar nicht so einfach war. Zu meiner Erleichterung verzichteten sie aber darauf, auf der Stelle Gebrauch von ihren MPs zu machen.

»*Stop and wait!*« Eine scharfe Stimme schnitt durch das beiderseitige betretene Schweigen. Über der Turmbrüstung tauchte eine Mütze auf, und ein Offizier schwang sich in die Wanne. Nun wurde es allmählich wirklich eng hier oben. Der amerikanische U-Boot-Fahrer, dem der Sinn nach unserer Fahne gestanden hatte, quetschte sich zwischen die Wachen. Ein weiteres Mitglied des Enterkommandos, das eine lange Eisenkette mit angeschleppt hatte, schlang das Ding um den Sehrohrblock und warf das Ende durch das Luk.

Der Offizier, der offensichtlich seine Leute zurückgepfiffen hatte, wandte sich zu mir um und legte die Hand an die Mütze. »Lieutenant Wallis, USS *Minnow*!« Er nahm die Hand wieder runter. »Ik spreke etwas Deutsch, Sie sind die Commander?«

Ich erwiderte den Gruß genauso förmlich. »Korvettenkapitän Thomsen, U 2532. Wir werden unsere

Flagge ordentlich niederholen und Ihnen die Boote ohne Wenn und Aber übergeben.«

Es war Lieutenant Wallis anzumerken, daß er mit meiner Bereitwilligkeit in dieser Form nicht unbedingt gerechnet hatte. »Mein Commander würde zuvor erst gern mit Ihnen reden!«

»Worüber? Wir haben den Krieg verloren.« Innerlich grinste ich. Natürlich mußte dem amerikanischen Kommandant sehr daran gelegen sein, sich erst mal mit mir zu besprechen. Der hatte nämlich einerseits gar nicht genug Männer, um drei Boote, zwei davon bedienungstechnisch unbekannt, zu fahren, und verfügte andererseits aber auch nicht über genügend Raum, um zwei Besatzungen als Kriegsgefangene unterzubringen. Äußerlich ließ ich mir von alldem nichts anmerken, behielt meine gelassene Miene bei und stieß eher beiläufig mit dem Fuß gegen die Kette. »Und was soll das hier?«

»Das Übliche, verhindern, daß Sie tauchen, während wir hier stehen an Deck.« Lieutenant Wallis musterte argwöhnisch meine unrasierten Ausgucks, als seien sie keine normalen U-Boot-Fahrer, sondern todesverachtende Monster, die vor nichts zurückschrecken würden. Die amerikanische Propaganda, auch wenn ich sie nicht kannte, würde sich in der Hinsicht, so stand zu vermuten, nicht wesentlich von der unseren beim Zeichnen und Beschwören von Schreckensbildern unterscheiden.

Ich vermied es tunlichst, die Augen zu verdrehen, denn ungeachtet der amerikanischen Lukenblockade hätte unser Boot natürlich dennoch abzutauchen vermocht. Oberleutnant Bär hätte dazu nur das untere Luk zu schließen brauchen, einen vollgelaufenen Turm hätte U 2532 schon verkraften können. Was das für uns alle hier oben, deutsche wie amerikanische Seeleute, bedeutet hätte, lag ebenso auf der Hand. Aber da das derzeit kein Thema war, sagte ich: »Wir sollten uns vielleicht besser beeilen, Lieutenant! Daß hier demnächst schon wieder Flieger auftauchen, kann man schließlich nicht verhindern.« Ich wandte mich um. »Herr Mertens, geben Sie an Mohrmann durch, Kommandant begibt sich auf das amerikanische Boot. Alles bleibt tauchklar.«

Die Amerikaner, die den Inhalt meiner Anweisungen im Befehlston nicht verstanden hatten, hoben wieder die Waffen, als erwarteten sie eine Falle. Ich reagierte darauf mit einer beschwichtigenden Handbewegung, und sie entspannten sich sichtbar. Mit einem leicht verkrampftem Lächeln nickte ich Wallis zu. »Lassen Sie uns nach unten gehen.« Ich beugte mich über das Luk. »Zwei Mann Zentrale!« Und ab ging es wie gewohnt, mit lautem Knall schlugen die Stiefel auf das Deck, automatisch erfolgte der Schritt zur Seite, nur folgte niemand! Vorsichtig streckte ich den Kopf unter das Luk. Wallis' Gesicht hing hoch über mir, und der Lieutenant äugte mißtrauisch in den Schacht hinunter. Ich seufzte, denn zu verdenken war ihm das nicht. Auffordernd winkte ich ihm zu. »Kommen Sie ruhig runter, Lieutenant!«

Nach einigem Zögern kam er meiner Einladung nach, und drei seiner Leute schlossen sich ihm an. Alle miteinander kletterten sie schön langsam die Stufen der Leiter herunter. Ich schüttelte den Kopf, denn auf ihrem eigenen Boot würden sie diese Tour ja wohl auch in der für U-Boot-Fahrer üblichen Weise und nicht in Altherrenmanier absolvieren!

Meine Augen suchten Oberleutnant Bär. »Kommen Sie, Eins WO, ich möchte Sie gleich mit Lieutenant Wallis bekannt machen.«

Der I WO blickte auf die Beine, die im Turmschacht sichtbar wurden. »Sehr wohl, Herr Käpten!«

»Der amerikanische Lieutenant versteht und spricht übrigens überraschenderweise ziemlich gut Deutsch. Ich werde mich gleich anschließend mit Leutnant Mertens, der im Englischen wesentlich firmer ist als ich, auf das amerikanische Boot begeben, da der Kommandant persönlich mit mir sprechen will.« Ich senkte die Stimme etwas. »Seien Sie vorsichtig bei allem, was Sie tun oder sagen, denn ich glaube, die Amerikaner haben genauso viel Schiß vor uns wie wir vor ihnen.«

»Verstehe, Herr Käpten!« Bär wandte sich um und nahm Haltung an, die Hand flog an die Mütze. »Willkommen an Bord, Lieutenant!« Aber der Ton ließ keinen Zweifel daran, daß das Gegenteil gemeint war, daß Bär den Mann samt seinen Begleitern am liebsten gleich wieder über Bord geworfen hätte.

Ich übernahm die weitere Vorstellung. »Oberleutnant Bär, mein Erster Wachoffizier. Er kennt sich mit allen Belangen bestens aus.« Ein ernster Blick traf den I WO. »Sorgen Sie dafür, daß es keine Schwierigkeiten gibt, aber halten Sie das Boot auf alle Fälle tauchklar, für den Fall, daß unverhofft Flieger die Gegend unsicher machen!« Während sich die amerikanischen Seeleute vorsichtig tapsend in der ihnen fremden Umgebung unserer Zentrale verteilten, griff ich wieder zu den Holmen der Turmleiter.

»Wo wollen Sie hin?«

Ich sah den Lieutenant mit gespielter Verwunderung an. »Ich dachte, Ihr Kommandant wollte mit mir sprechen, und ich will doch stark hoffen, daß einer Ihrer Männer Leutnant Mertens und mich zu ihm rüberbringen wird. Meinen Zweiten Wachoffizier hätte ich gern für alle Fälle als Dolmetscher dabei.«

Der Amerikaner, dem das nun wieder spanisch vorkam, legte sein Gesicht in nachdenkliche Falten. »Heißt das etwa, wir sollen hier bleiben?«

Dieses eine Mal mußte ich nun doch grinsen. »Lieutenant, soviel ich weiß, haben Sie den Krieg gewonnen, und Deutschland hat kapituliert.«

»Errr … *yes*!« Der Lieutenant, der sich im Inneren unserer Röhre wohl eher wie Daniel in der Löwengrube fühlte denn als strahlender Sieger, suchte nach den passenden Worten. »Ich will haben, daß Ihre Männer weiterhin die Kontrollfunktionen des Bootes übernehmen.« Dann sprudelte er auf englisch einige Anweisungen an seine eigenen Leute heraus, von denen ich nicht einmal die Hälfte verstand. Jedenfalls bezogen diese brav um den Turmschacht herum Stellung, in der offensichtlichen Hoffnung, niemandem im Weg zu sein.

Was für ein beschissenes Marionettentheater, dachte ich, während ich die Leiter hochkletterte. Selbst wenn sämtliche Beschriftungen an all unseren Geräten auf deutsch waren, hätte ich darauf wetten mögen, daß auch amerikanische U-Boot-Fahrer sie hätten bedienen können. Es sei denn, sie ließen die Finger davon, weil sie befürchteten, daß wir das Boot mit Sprengladungen präpariert hatten und ein einziger falscher Handgriff genügen würde, um …

Oben auf dem Turm hielten nach wie vor drei der Amerikaner die Stellung, aber trotz Stahlhelm und MP eher zurückhaltend und keinesfalls provokant. Unsere Wachposten hatten sich inzwischen wieder der Beobachtung der ihnen zugeteilten Sektoren zugewandt. Ich beugte mich über das Sprachrohr. »Lieutenant?«

Bis Wallis von unten antwortete, dauerte es etwas. Vielleicht hatte er erst einmal herausfinden müssen, wo sich das Sprachrohr befand. »*Sir?*«

»Geben Sie bitte Ihren Männern Bescheid, daß man Leutnant Mertens und mich rüberbringt.«

»*Aye*, holen Sie mal einen ans Rohr!«

Beim Übersetzen zur Minnow hockten Mertens und ich vorne im Schlauchboot. Der Seemann, der hinten am Außenborder saß und steuerte, hatte neben sich die Maschinenpistole griffbereit liegen und ließ uns keine Sekunde aus den Augen. Sein Boot, das mußte man ihm zugestehen, beherrschte er. Mit der gleichen Präzision wie zuvor bei uns brachte er das gelbe Ding am Satteltank des amerikanischen Bootes zum Stillstand. Mit einem großen Schritt stieg ich aus, hilfreiche Hände griffen sofort zu, und ich stand auf dem Deck des amerikanischen Bootes.

Zunächst erfolgte ein kurzer Gruß von mir zur Flagge, bevor ich mit unverhohlenem Interesse zu dem hohen Turm emporblickte. Ein Kopf mit einer weißen Mütze und einer mächtigen Zigarre erwiderte meinen Blick ebenso neugierig und bellte dann irgendwelche Befehle.

»Wir sollen unter Deck gebracht werden, in die O-Messe, wenn ich das richtig verstanden habe«, raunte Mertens mir zu.

»Das dürfte der Kommandant gewesen sein«, murmelte ich und warf nochmals einen Blick nach oben, doch der Mann war bereits hinter der Turmbrüstung verschwunden.

»Das, oder der liebe Gott!« scherzte Mertens, vermutlich um zu kaschieren, wie mulmig ihm zumute war.

Unsere kleine Unterhaltung fortzusetzen war jedoch nicht möglich, weil uns die Amerikaner bereits mit sanftem Nachdruck zum Turm beförderten. Die Prozedur einer Kletterpartie, zunächst nach oben, blieb uns erspart, da die USS *Minnow* über eine wasserdichte Tür seitlich im Turmaufbau verfügte. Aber danach ging es, genau wie auch bei unseren Booten, über die Leiter runter in die Zentrale. Etwas erstaunt ob der räumlichen Dimensionen sah ich mich um; keine Frage, die US Navy baute in dieser Hinsicht die Boote etwas größer als wir. Aber Zeit, mich gründlicher umzusehen, bekam ich nicht, denn es ging gleich weiter in die Offiziersmesse. Doch selbst die wenigen Details, die ich auf dem Weg dorthin mitbekam, waren interessant. Technisch betrachtet entsprach die USS *Minnow* anscheinend wesentlich mehr unseren alten Booten denn meinem U 2532.* Und wenn meine flüchtigen Eindrücke nicht trogen, dann auch das nur bedingt.

Der Commander erwartete uns bereits in der Messe zusammen mit einem weiteren Mann, der in einer khakifarbenen Uniform ohne Rangabzeichen steckte. Als wir hereingebracht wurden, unterbrachen sie ihr Gespräch, und der Kommandant legte die Hand förmlich an seine Mütze. »Commander William Jackson, USS *Minnow*!«

---

* Sowohl Deutsche als auch Amerikaner erkannten erst bei Kriegsende, wie weit die deutschen U-Boote technisch fortgeschritten waren. Eine elektrisch unterstützte Ruderanlage oder einen salvenfähigen Torpedoleitrechner, wie bereits bei Kriegsausbruch auf den deutschen Booten üblich, gab es auch auf den neuesten amerikanischen und englischen Booten bei Kriegsende noch nicht. Das ist insbesondere interessant, wenn man bedenkt, daß Rußland bereits lange vor dem Krieg die Stalinez-Boote in Deutschland hatte bauen lassen und dadurch den erwähnten Torpedovorhaltrechner gleich mitgeliefert bekam. Dafür verfügten die Amerikaner und Engländer über ein leistungsfähiges Radar, das in begrenzter Stückzahl auch den Russen überlassen wurde.

Ich tat es ihm nach und erwiderte seinen Gruß in nämlicher Weise. »Korvettenkapitän Arne Thomsen, U 2532!« Marinen, gleichgültig welche, waren immer so etwas wie Traditionsvereine. Erst nachdem diesem obligatorischen Zeremoniell Genüge getan worden war, deutete der Commander auf die andere Seite. »*Take a seat!*« Als Mertens zögernd stehenblieb, weil er nicht wußte, ob dies auch für ihn galt, kam die Aufforderung: »*You, too!*«

»Wir sollen Platz nehmen, Herr Käpten!«

In punkto U-Boot-Komfort waren uns die Amerikaner eindeutig überlegen, denn in der O-Messe gab es sowohl Sitzbänke als auch Stühle, natürlich festgeschraubt am Boden. Ich entschied mich, auf eine Sitzbank zu rutschen.

Commander Jackson, der bereits erkannt hatte, daß Mertens der Part des Dolmetschers zukam, wandte sich auf Englisch an ihn. »Er fragt, ob wir uns bedingungslos ergeben wollen.«

Ich blickte den Kommandanten ganz offen an und nickte mit dem Kopf. »Das war eigentlich unsere Absicht, *Sir*.«

Die Antwort verstand Jackson offenbar auch, denn er blies leicht die Backen auf und fragte über Mertens nach, ob unsere Waffen immer noch scharf seien.

»Im Augenblick ja.« Ich zuckte mit den Schultern. »Wie wir mit denen nun weiter verfahren werden, ist jetzt Ihre Entscheidung, Commander!«

Er schaute alles andere als begeistert drein, nachdem Mertens ihm meine Antwort übersetzt hatte. Die Erwiderung des Commanders wortwörtlich rüberzubringen war für den II WO offenbar nicht ganz einfach. »Also, Herr Käpten, er behauptet sinngemäß, es gäbe da für ihn ein paar Probleme, von denen Sie wüßten, daß sie existieren!«

»Klar kann ich mir vorstellen, wo ihn der Schuh drückt. Unser U 2532 ist das Neueste und Beste, was an U-Booten in Deutschland je gebaut wurde. Und daß er es unbedingt haben will, kann ich mir lebhaft vorstellen. Nur weiß er nicht, wie er es aus der Ostsee rauskriegen soll, ohne daß seine Verbündeten Wind davon bekommen und gleichfalls Ansprüche darauf anmelden.« Ich grinste. »Nun ist es an Ihnen, Herr Leutnant, ihm das entsprechend auch auf englisch zu verklickern.«

Mertens gab sich reichlich Mühe damit.

»Darf ich das so verstehen, daß Sie unter Umständen zu einer Kooperation gewillt sind?« Das Deutsch des Mannes in der Khakiuniform ohne Rangabzeichen, der bisher geschwiegen hatte, war astrein und völlig akzentfrei. Er war eine schlanke, drahtige Erscheinung mit einem scharf geschnittenen Gesicht, das momentan nur etwas müde wirkte. Ich schätzte ihn auf knapp vierzig. Er war glattrasiert wie alle amerikanischen U-Boot-Fahrer, die mir bisher begegnet waren. Ich fixierte ihn noch etwas genauer. »Würden Sie mir bitte verraten, wer Sie sind?«

»Nennen Sie mich von mir aus Smith.« Er bedachte

mich mit einem vagen Lächeln. »Oder Meier, wenn Ihnen das lieber ist.«

Ohne mit der Wimper zu zucken, hätte ich meinen Monatssold darauf verwettet, daß dieser Mann nie und nimmer zur regulären Stammbesatzung des U-Boots gehörte. »Nun denn, Herr Meier«, sagte ich ziemlich erbost, »hat Ihnen denn unser kleiner Auftritt vor Hanko wenigstens gefallen?«

Meier hob abwehrend die Hände. »Gott bewahre! Noch war Krieg, und die Befehle stammten von Ihren Vorgesetzten.« Er zuckte mit den Schultern. »Immerhin richtete sich das Unternehmen gegen einen unserer Verbündeten im Kampf gegen Nazi-Deutschland.«

Mein Zorn verflog und machte einer tiefen Resignation Platz. Dieser Mann machte gar keinen Hehl daraus, daß die Amerikaner vorab den Russen unser Kommen gesteckt hatten. Ich sah ihn prüfend an. »Haben Sie Ihren Verbündeten denn auch erzählt, worauf diese Operation abzielte?«

Der Alias-Meier-Smith mit seinen Falschnamen lehnte sich zurück. »Das Ganze hat mit einem Plan zu tun, den ein paar hochrangige Leute sich auf eigene Faust ausgedacht haben, ohne ihn entsprechend abzustimmen«, sagte er bedächtig, jedes Wort dabei auf die Goldwaage legend. »Planspiele sind das eine, deren Umsetzung jedoch etwas anderes, zumal wenn damit die Fortsetzung eines Krieges verbunden ist, der eigentlich schon vorüber ist.«

Sein Gesicht blieb völlig ausdruckslos und verriet nichts von seinen eigenen Gedanken hinter der Stirn. »Ich will auch gar nicht verhehlen«, fuhr er fort, »daß es auch in den Staaten in politischen wie militärischen Kreisen den einen oder anderen Sympathisanten für gewisse weiterführende Überlegungen gibt. Doch die gewichtige Majorität gehörte eindeutig nicht zu den Befürwortern. Und wie es dann mit den Plänen so ist, sie wandern irgendwann in die Schublade.«

Ich starrte ihn ungläubig an. So einfach war das also? Es würde kein *Unthinkable* geben. Die Amerikaner wollten die Operation nicht, und sie hatten daher auch nicht vor mitzumachen. Churchill würde vermutlich über diskrete Kanäle nochmals den Versuch starten, die USA mit ins Boot zu holen, aber wenn ich Meiers Aussagen richtig interpretierte, würde die ganze Geschichte einfach in den Geheimarchiven verschwinden – zu hohes Risiko, undurchführbar. Das Spiel würde einfach diskret und gesichtswahrend abgeblasen, weil die Amerikaner nicht mitspielen wollten.

Was uns betraf, so war ich mir keineswegs sicher, ob ich erleichtert sein sollte. Schließlich war es verdammt traurig, daß Kruse, Possehl, Lindner und von der Mühlen samt ihren Besatzungen bei der Sache hatten dran glauben müssen. Und wofür? Weil jemand die ebenso vage wie irrwitzige Hoffnung gehegt hatte, wir könnten in einem neuen Krieg auf der Gewinnerseite stehen oder wenigstens als Verlierer des letzten bessere Bedingungen für uns aushandeln.

Das einzig Gute war eigentlich nur, daß nun niemand unsere Soldaten ein zweites Mal nach Rußland schicken würde.

»Sie werden bestimmt verstehen, Herr Kapitän Thomsen, daß wir trotzdem sicherstellen wollten, daß von alldem, in welcher Form auch immer, nichts zu den Russen durchdringt.« Der Mann ohne Rangabzeichen bedachte mich mit einem um Entschuldigung heischenden Blick.

Und ob ich verstand. Die Amerikaner waren offenbar weitaus besser informiert gewesen, als wir geahnt hatten. Wenn es um Geheimdienstaktivitäten, Nachrichtenbeschaffung und Spionage gegangen war, hatten immer die Engländer als Hauptverdächtige gegolten, als ob die Amerikaner da nicht auch mitgemischt hätten. Die *Minnow* musste die USA schon zu einem Zeitpunkt verlassen haben, als bei uns die ersten Pläne für Hanko ausgearbeitet wurden und ich das Kommando über U 2532 erhielt. Und damit lange bevor ich überhaupt von *Unthinkable* erfuhr. Die Amerikaner hatten die Möglichkeit ausschalten wollen, daß Einzelheiten über die Operation in die Hände der Russen fielen, sei es als Unterlagen im Stahlfach einer Kommandantenkammer oder auch nur in Form des im Kopf eines Gefangenen abgespeicherten Wissens, der ihnen in die Hände fiel.

Ich war zu müde, um mich noch groß aufzuregen. Ruhig sah ich den Mann an, der über den Atlantik und durch die ganze Ostsee geschippert war, um mich zu töten, falls es sich als notwendig herausstellen sollte. »Aber nun ist der Krieg vorbei.«

»Nur ausgestanden ist es noch lange nicht.«

* * *

Commander Jackson gestattete uns, eigenhändig unsere Flagge niederzuholen, bevor seine Männer das Sternenbanner über unseren Booten setzten. Nicht wenigen der harten U-Boot-Männer standen Tränen in den Augen, als zum letzten Mal das Kommando erscholl: »Aaaaachtung! Front nach achtern! Hol nieder Flagge!«

Auf dem Weg aus der Ostsee wurden wir noch mehrfach von russischen und später dann von britischen Flugzeugen überflogen, die uns jedoch unbehelligt ließen, denn ein Boot anzugreifen, das unter amerikanischer Flagge lief, war ein Tabu.

Die technische Bedienung unserer Boote bei der Überführung nach Boston in den USA blieb uns überlassen – natürlich immer gefolgt von der *Minnow*. Als wir etwa dreihundert Meilen westlich von Irland das erste größere amerikanische Kriegsschiff trafen, gab es daher auch keinerlei Probleme mit dem Tanken, vermutlich nicht zuletzt wegen des Mannes in der Khakiuniform an Bord der *Minnow*. Jedenfalls überließ uns der Kommandant den benötigten Treibstoff, damit wir zu dritt weitermarschieren konnten.

In Boston wurden wir als Kriegsgefangene der Army übergeben. Die meisten meiner Männer verbrachten die nächsten drei Jahre in Kriegsgefangenschaft, einige wurden 1947 an die Franzosen überstellt, die sie dann als Zwangsarbeiter in Kohlenminen schuften ließen, was nicht alle überlebten. Den anderen erging es insofern besser, als sie ihre Zeit als *Prisoners of War* in den Staaten verbrachten. Erst später hörten wir von den amerikanischen Hungerlagern in Bad Kreuznach, Remagen, Dietz, Hechtsheim oder Sinzig, den sogenannten Rheinwiesenlagern.

Ich selbst landete in einem Lager, dessen Insassen hauptsächlich U-Boot-Offiziere waren, die als politisch unbedenklich eingestuft worden waren, und blieb dort bis zum Ende meiner Gefangenschaft 1947. Die US Navy, die natürlich die wenigen Boote, die sie erbeutet hatte, ganz genau unter die Lupe nahm, griff dabei auch häufig auf uns und unsere einschlägigen Fachkenntnisse zurück. Das ging sogar soweit, daß wir amerikanischen U-Boot-Fahrern bei praktischen Vorführungen zeigten, wie das Schnorcheln vonstatten ging; Werftspezialisten ließen sich haarklein die Funktionsweise des Vorhaltrechners erklären, doch im Brennpunkt des Interesses stand der akustisch zielsuchende Torpedo »Zaunkönig«. Technisch hatten die Amerikaner nichts Vergleichbares in ihrem Waffenarsenal zu bieten, obwohl die Engländer bereits seit 1943 über einen Torpedo verfügten, der, vom Flugzeug abgeworfen, selbstständig getauchte U-Boote zu suchen vermochte. Nur hatten die Tommys keine Lust verspürt, ihr diesbezügliches

Know-how mit ihren amerikanischen Freunden zu teilen.

Als ich nach der Entlassung aus der Kriegsgefangenschaft 1947 die USA verließ und nach Deutschland heimkehrte, konnte ich endlich nicht nur vernünftig Englisch, sondern hatte auch einen Arbeitsvertrag mit der Electric Shipyard in Groton in der Tasche. Ein halbes Jahr später war ich mit meiner Familie zurück, um an der Entwicklung der Nautilus, des ersten nuklear angetriebenen U-Boots der Welt, mitzuwirken, das 1951 auf Stapel gelegt wurde. Im gleichen Jahr erhielt ich ein Päckchen nebst einem Brief von der Witwe von Commander Jackson, der in der Zwischenzeit an Krebs gestorben war. Das Päckchen enthielt die Flagge von U 2532.

Karl Dönitz, der Löwe, wurde vom Internationalen Militärgerichtshof in Nürnberg zu zehn Jahren Festungshaft verurteilt, nachdem eine unaufgefordert eingereichte schriftliche Aussage des Oberbefehlshabers der US-Pazifikflotte, Admiral Chester W. Nimitz, vorlag, aus der hervorging, daß die Befehle, die Dönitz seinen Kommandanten gegeben hatte, sich nicht wesentlich von denen unterschieden, die alliierte U-Boot-Kommandanten von ihren Vorgesetzten erhalten hatten. Das brachte den Versuch der Briten, Dönitz zum Tode verurteilen zu lassen, zu Fall. Der letzte deutsche Großadmiral wurde 1956 nach Verbüßung seiner Strafe für die Beteiligung an einem Angriffskrieg aus der Haft entlassen.

Von allen U-Boot-Kommandanten, die den Krieg

überlebten, wurde nur ein einziger, Heinz-Willhelm Eck, als Kriegsverbrecher angeklagt und zum Tode verurteilt. Eck hatte im März 1944 auf die Überlebenden des griechischen Frachters *Peleus*, gechartert vom britischen Transportministerium, schießen lassen, um die Spuren seiner Anwesenheit in diesem Seegebiet des Südatlantiks zu verwischen. Alle anderen U-Boot-Kommandanten wurden nach gründlichen Recherchen der Alliierten ohne Anklageerhebung wieder auf freien Fuß gesetzt, nachdem die ermittelnden Behörden sich vergewissert hatten, daß deren Handlungen dem Kriegsrecht entsprochen hatten und mit dem Vorgehen alliierter Kommandanten vergleichbar waren.

Die Jahre gingen ins Land, einige von uns Ehemaligen lebten in den USA, andere in England, Kanada und viele in Deutschland. Manche schlossen sich nach dem NATO-Beitritt der Bundesrepublik und der damit verbundenen Wiederbewaffnung der im Aufbau begriffenen Bundesmarine an, andere versuchten, im Schiffbau Fuß zu fassen, der in den Zeiten des Wirtschaftswunders auch in Deutschland blühte. Und im Lauf der Zeit wurden wir alle immer älter und die Zahl derer, die den U-Boot-Krieg miterlebt und überlebt hatten, immer kleiner. Je weniger wir wurden, desto häufiger wurden wir von der jungen Generation mit dem Vorwurf konfrontiert, daß wir diesen Krieg nicht hätten »mitmachen« sollen. Als ob wir eine Wahl gehabt hätten! Geblieben sind uns nur in unseren nächtlichen Alpträumen auch nach Jahrzehnten noch die Schreckensbilder von Schiffsuntergängen, die wir mit unseren Torpedos ausgelöst hatten, weil wir unsere verdammte Pflicht und Schuldigkeit erfüllten. Und die Detonationen der todbringenden Wasserbomben, die uns galten, werden uns auch weiterhin bis in den Schlaf hinein verfolgen.

* * *

Es war ein wunderschöner Sommernachmittag, als ich in Kiel nach meinem letzten dienstlichen Besuch bei der Bundesmarine über den Parkplatz zurück zu meinem Leihwagen ging und in Gedanken noch einmal auf alles zurückblickte. Mehr als dreißig Jahre hatte ich für die Amerikaner gearbeitet und, wie andere ehemalige U-Boot-Fahrer auch, hatte auf meine Weise versucht, meinen Frieden zu finden. Trotzdem gab es nichts daran zu rütteln und zu deuteln, daß dieser Krieg meine Generation geprägt hatte. Er hatte uns in einer Weise geformt, die ich aber bis heute nicht konkret greifen konnte. Mit Sicherheit war alles einfach schierer Wahnsinn gewesen, bei dem wir damals alle, auch bei der U-Boot-Waffe, mitgewirkt hatten, nur daß wir das damals nicht auf Anhieb gesehen hatten. Wir waren da, naiv oder geblendet, in etwas hineingerauscht, ohne dessen Dimensionen auch nur entfernt erahnt zu haben.

Ich ließ mich in den Wagen fallen, steckte den Zündschlüssel ins Schloß und schaltete die Klimaanlage ein, denn der pralle Sonnenschein hatte den Innenraum auf Saunatemperatur gebracht, und Anzug und Krawatte trugen auch nicht gerade zu meinem Wohlgefühl bei. Für einen Moment nahm ich mir die Zeit, einfach durch die Windschutzscheibe nochmals nach draußen auf den schmalen Wasserstreifen zwischen den großen schmucklosen Gebäuden des Marinearsenals zu schauen. Eine dunkle Silhouette inmitten der glitzernden Oberfläche zog meinen Blick förmlich an. Die kurze, gedrungene Form, der Turm, der im Verhältnis zu dem kleinen Rumpf irgendwie überdimensioniert wirkte, ließen erkennen, daß es sich dabei um eines der neuesten Modelle des deutschen U-Boot-Baus aus der Klasse 205 handelte, die angeblich leisesten Boote der Welt. Ein Lächeln schlich sich auf mein Gesicht. Mehr als dreißig Jahre hatte ich mittlerweile in Virginia gearbeitet, war unzählige Male zwischen Deutschland und den Staaten hin- und hergependelt. Abgesehen von meinen lächerlichen Reisespesen, ließ man sich die NATO-Partnerschaft auf beiden Seiten des Atlantiks schließlich etwas kosten. Die *Nautilus* war in Groton gebaut worden, genauso wie die großen Raketenboote der Ohio-Klasse und nun die Los-Angeles-Angriffsboote. Ich hatte die ersten Probefahrten der *Scorpion* kommandiert, die später nach einem Unglück samt ihrer Besatzung auf den Grund des Atlantiks sank. An der Suche nach der *Thresher* war ich genauso beteiligt gewesen wie an der nach der *Komsomolsk*, und die Werftprobefahrten eines Dutzends riesiger amerikanischer Atom-U-Boote hatte ich zudem überwacht. Was aber nichts daran änderte, daß ich beim Anblick dieses U-Boot-Winzlings einen gewissen Stolz verspürte, weil wir es immer noch konnten, nach wie vor die besten U-Boote der Welt, wie es hieß, zu bauen.

Das dunkelgraue Boot verschwand hinter dem nächsten Gebäude aus meinem Sichtfeld, was für mich zugleich das Signal war, loszufahren. Es war Freitagnachmittag und Zeit für einen früheren Arbeitsschluß als sonst üblich, da das Wochenende auf einen wartete. Bei den Menschen, die nun auf dem Parkplatz zu ihren Autos strebten, fragte ich mich, ob sie überhaupt wußten, was sich unter dessen Betonfläche befand: die Lecksicherungsgruppe der *Admiral Scheer*, die Matrosen, die es damals nicht mehr aus dem kenternden Kreuzer hinausgeschafft hatten. Ihr letzter Ruheplatz waren die Überreste ihres einstmals stolzen Schiffes geworden, das zum einbetonierten Fundament eines Parkplatzes geworden war. Nicht anders als in Hamburgs U-Boot-Bunker mit drei Booten und deren Besatzungen. Und dann waren da noch all die anderen U-Boot-Fahrer, die irgendwo im Atlantik, im Mittelmeer, im Schwarzen Meer und im Pazifik geblieben waren.

»Die U-Boote wurden ›Eiserne Särge‹ genannt. Was man damals als ›Blutzoll‹ bezeichnete, die Verlustquote also, war bei den U-Boot-Männern so hoch wie bei keiner anderen Waffe. Von den 40 000 U-Boot-

194

Männern sind 30 000 im Atlantik geblieben. Viele von ihnen waren noch nicht einmal Männer – in Wirklichkeit waren es halbe Kinder: Der gesamte U-Boot-Orlog war ein riesiger Kinderkreuzzug. Wir hatten 16jährige an Bord, gegen Kriegsende gab es 19jährige Leitende Ingenieure und 20jährige Kommandanten, in einer Art Schnellbrütverfahren frontreif gemacht, um auf eine der fürchterlichsten Weisen vom Leben zum Tode befördert zu werden. Ich habe mich immer dagegen gewehrt, daß es in Todesnachrichten von U-Boot-Fahrern hieß, sie seien gefallen. Sie sind abgesoffen, ersäuft wie überzählige Katzen im Sack.« – Lothar Günther Buchheim

Von 863 Booten, die zum Kampfeinsatz kamen, blieben 784 draußen.

Glossar:

Aal	Torpedo
AK	Äußerste (Maschinen-)Kraft
ASDIC	Ortungsgerät (Sonar) deutsche Version. USG, S-Gerät
Bach	Meer
Back	1. vorderer Teil des Oberdecks
	2. Tisch an Bord, davon abgeleitet. Backskiste = Sitztruhe am Tisch
backsen	beide Schrauben laufen gegeneinander, um auf Gegenkurs zu kommen
BdW	Bootsmaat der Wache
belegen	1. Leine festmachen
	2. Befehl oder Meldung widerrufen
Besteck	Schiffsortbestimmung
Bilge	unterster Teil des Schiffsinneren
BdU	Befehlshaber der U-Boote
Brücke	hier: Turmplattform des U-Bootes
BÜ	Befehlsübermittlung(-sgerät), auch Befehlsübermittler (Posten)
Bucht	Schlaufe im Tau, Seilschlinge
Charly	Spottname für brit. Aufklärer
Deckoffiziere	Feldwebel, Oberfeldwebel, Fähnrich

Dickschiff	Kreuzer, Schlachtschiff
dwars	querab
Einbaum	Spottname für die kleinen U-Boote
ES	Erkennungssignal
Etmal	in 24 Std. zurückgelegte Strecke, von Mittag zu Mittag gemessen
FdU	Führer der U-Boote
Feger	Sicherung vor/im Geleitzug
Feuerlee	dem Beschuß abgekehrte Seite
Freund Hein	der Tod
FT	Funkspruch/Funkgerät
FuMB	Funkmeßbeobachtungsgerät, erkennt RADAR-Ortung
FuMO	Funkmeßortungsgerät = deutsches RADAR
Geisterecho	entsteht durch unterschiedlich dichte Salzwasserschichten, die den Ortungsstrahl (ASDIC) vom Objekt ablenken
GHG	Gruppen-Horch-Gerät
gKdos	geheime Kommandosache = Geheimhaltungsstufe
Gestapo	Geheime Staatspolizei, jagte sogenannte Verräter, Staatsfeinde etc.
HJ	Hitlerjugend
Hundewache	Wache von 0.00 Uhr bis 4.00 Uhr
I WO (II WO III WO)	1. (2./3.) Wachoffizier
K an K!	Anruf: Kommandant an Kommandant
Kardeele	Hanf-, Sisalstränge, aus denen Tauwerk zusammengedreht ist

KdF-Schiff	Kraft-durch-Freude-Schiff = Schiff der Deutschen Arbeitsfront (NS-Organisation) für Urlaubsfahrten ihrer Mitglieder
Kimm	Horizont
Kinken	Seilschlinge, auch: gefährliche Lage
Klappbuchs	Signal-/Morselampe
Klempnerladen	Spottname für Orden und Ehrenzeichen
Knoten	hier: Schiffsgeschwindigkeit in Seemeilen
Kolbenringe	goldene Ärmelstreifen = Offiziersrangabzeichen
krängen	Schiff legt sich auf die Seite
KTB	Kriegstagebuch
Läufer	Bote
lenzen	auspumpen (Lenzpumpe)
LI	Leitender Ingenieur, technischer Offizier
LM	Leitender Maschinist, Feldwebelrang
Löwe	Spitzname für den Befehlshaber der U-Boote Dönitz
Männchen bauen	militärische Haltung annehmen
Mahalla	großer Schiffsverband
Maling	Anstrich
M-Bock/M-Boot	Minensucher
Mittelwächter	Imbiß/Getränk für die Wache ab 0.00 Uhr
Mixer	Mechaniker, z.B. Torpedomixer
Morgenmusterung	Antreten der Besatzung zum Befehlsempfang etc.

Muck	hohe Kaffeetasse aus Keramik, »Kaffeepott«
Naxos	Kurzform der Meldung »Naxos-Gerät zeigt Radar«, Naxos-Gerät = Passivortungsgerät
Nock	äußerster Teil der Brücke, einer Rah etc.
Nummer Eins	Kriegsmarine. Seemännische Nummer Eins = Oberbootsmann, der für den gesamten seemännischen Bereich an Bord verantwortlich ist = Smadding
O-Messe	Offiziersmesse
ObdM	Oberbefehlshaber der Marine
OKM	Oberkommando der Marine
Päckchen	1. Bordkleidung, z.B. Lederpäckchen 2. Boote liegen Bord an Bord
Papenberg	Anzeige für Sehrohrtiefensteuerung
peilen	sichten, messen
Peilung	Kompaßpeilung: Winkel zwischen 0° (Nord) und dem Objekt, z.B. Boje, Landmarke etc. Schiffspeilung: Winkel zwischen Schiffslängsache (Bug = 0°) und Objekt
Schapp	kleiner Raum, auch Fach, Schrank
Schlunz	Krankenrevier, Lazarett, Krankenhaus
Smut'	Smutje = Koch
Spargel	Periskop, Sehrohr
Schott	Tür, Tor

Schotten	wasserdichte Abteilungen im Schiff (s.u.Verschlußzustand)
Schwell	Welle ohne Brechen
Smut	Schiffskoch, auch Smutje
Spring	vordere/achtere leichte Trosse zum Kai
Stahlseele	Verstärkung in stark belastetem Tauwerk (aus Stahl)
Stelling	auch Gangway, Steg vom Schiff zum Kai
Stoker	Heizer, allgemein: Maschinenpersonal
Stoppelhopser	Spottname für Angehörige der Landstreitkräfte
Tampen	Leine, Seil, Tau
Tanks peilen	Verbrauch feststellen
trimmen	hier: die Gewichtsverteilung im getauchten U-Boot entsprechend ausgleichen, damit es auf ebenen Kiel kommt.
Übersegler	Übersichtskarte
ULD	U-Bott-Lehrdivision (= U-Boot-Schule)
USG (S-Gerät)	Unterwassersuchgerät, Sonar = deutsches ASDIC
UZO	U-Boot-Zieloptik
Varta-Lampe	Morselampe
verholen	1. Schiff an einen anderen Platz verlegen
	2. sich verdrücken
Verschlußzustand	Schließen der wasserdichten Türen (= Schotten) im Schiff bei Gefahr

Wabos	Wasserbomben
Wache	Besatzung ist in Steuer- und Back-bordwache eingeteilt, wechseln alle 24 Stunden. Ausnahme: von 12 bis 16 Uhr Wechsel im Zwei-Stunden-Rhythmus
Wahrschau	Warnruf, bedeutet: Achtung, aufge-paßt
wahrschauen	warnen, aber auch: wecken, melden, herbeirufen
Wintergarten	hinterer (offener) Teil des U-Boot-Turms; dient als Geschützplattform für die Flak
Wooling (Wuling)	Durcheinander (insbes. vom Tau-werk)
Zentrale	Kommandoraum des U-Bootes, geschützt durch Kugelschott, letzte Zuflucht bei Havarien etc.
Zossen	abfällige Bezeichnung für ein (altes) Schiff

C. H. Guenter

Die erfolgreichen U-Boot-Romane
In Hochspannung eintauchen.

Herr der Ozeane: U 500
ISBN 978-3-548-25909-3

Das Santa-Lucia-Rätsel
ISBN 978-3-548-25334-3

**U-Boot-Einsatz in
der Todeszone**
ISBN 978-3-548-26136-2

**U-Boot Laurin
antwortet nicht**
ISBN 978-3-548-26278-9

**U-Boot unter
schwarzer Flagge**
ISBN 978-3-548-25647-4

U 136: Einsatz im Atlantik
ISBN 978-3-548-26464-6

U 136 in geheimer Mission
ISBN 978-3-548-24635-2

U 136: Flucht ins Abendrot
ISBN 978-3-548-25207-0

**U 77: Gegen den Rest
der Welt**
ISBN 978-3-548-25727-3

U-Kreuzer Nowgorod
ISBN 978-3-548-26128-7

**U-XXI: Die erste Feindfahrt
war die letzte**
ISBN 978-3-548-25769-3

U-Z jagt Cruisenstern
ISBN 978-3-548-25440-1

maritim

Peter Brendt

Crashdive

Roman
Originalausgabe

ISBN 978-3-548-26456-1

Herbst 2005: Im Nordatlantik stößt ein Fischtrawler auf
ein Schlauchboot, in dem acht tote Offiziere des amerikanischen Atom-U-Boots *Tuscaloosa* treiben. Im Pentagon
herrscht Alarmstimmung. Commander DiAngelo, Analyti-
ker beim Marinegeheimdienst, organisiert eine gigantische
Suchoperation nach dem spurlos verschwundenen Boot.
Und hat eine Idee, die ihn auf eine heiße Spur bringt.
An Bord der baugleichen *USS San Diego* startet er eine
Unterwasserhatz auf Leben und Tod, bei der die Entscheidung unter der Eisdecke der Arktis fallen muß, in die
sich aber auch ein russisches Boot der Alfa-Klasse noch
einmischt …

Ein hochkarätiger Thriller um die modernsten
U-Boote der Welt. Spannung, die einen Namen
trägt: Peter Brendt

maritim

Mar. 08

Jan Needle

Die Chronologie der William-Bentley-Romane

Harte Zeiten vor dem Mast
William Bentleys Aufstieg
in der Royal Navy
ISBN 978-3-548-25913-0

Pralle Segel – keine Gnade
William Bentleys dunkle Tage
in der Royal Navy
ISBN 978-3-548-26296-3

Auf hoher See in Gottes Hand
William Bentleys zweite Chance
in der Royal Navy
ISBN 978-3-548-26129-4

Auf See unter Wölfen
William Bentley vor Port Royal
ISBN 978-3-548-26677-0

»Ungemein spannend, realistisch und ohne Glorifizierung«
Publishers Weekly

»Ein fast schockierendes Portrait des Seemannsleben im
18. Jahrhundert – die packende Romanserie um den Ver-
lust der Menschlichkeit auf See« *The Guardian*

»Außergewöhnlich spannend, weil Jan Needle auch die
dunklen Seiten im Alltag der Seeleute ausleuchtet.«
Sailor's Press

maritim

C. S. Forester

Die Chronologie der Hornblower-Romane

Die Hornblower-Romane, Klassiker der maritimen
Spannungsliteratur, unerreicht bis heute.

maritim